中华爱国人物故事

ZHONGHUA AIGUO RENWU GUSHI

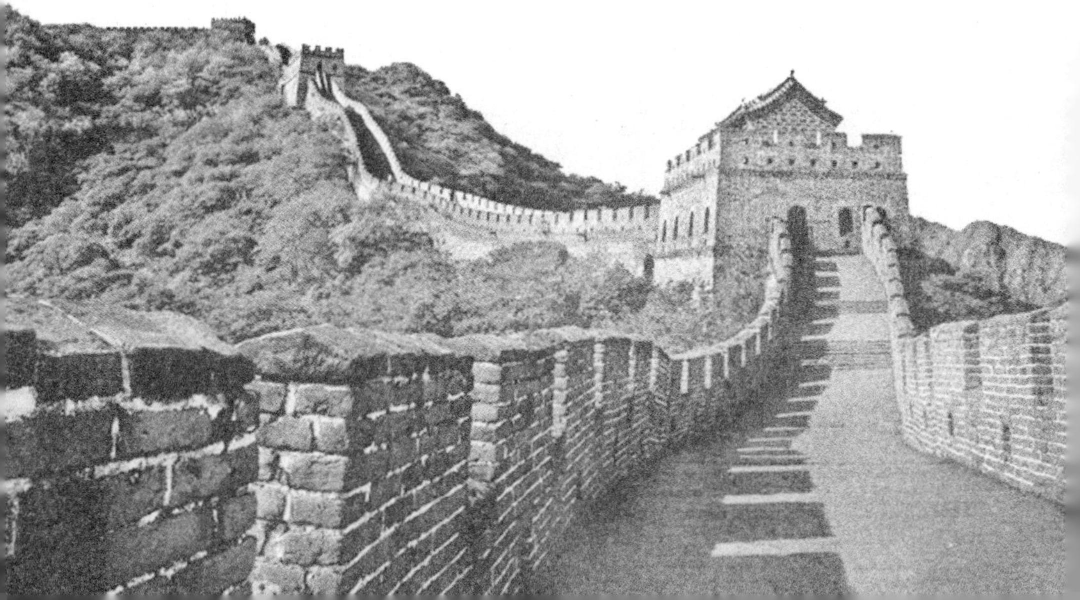

血洒虎门的抗英将领
关天培

黄云鹤　编著

吉林人民出版社

图书在版编目(CIP)数据

血洒虎门的抗英将领关天培 / 黄云鹤编著. -- 长春: 吉林人民出版社, 2011.5
(中华爱国人物故事)
ISBN 978-7-206-07864-4

Ⅰ. ①血… Ⅱ. ①黄… Ⅲ. ①关天培(1781 ~ 1841)-生平事迹 Ⅳ. ①K825.2

中国版本图书馆CIP数据核字(2011)第075932号

血洒虎门的抗英将领关天培

XUESA HUMEN DE KANGYING JIANGLING GUAN TIANPEI

编　　著:黄云鹤
责任编辑:孙　一　程世博　　　　封面设计:七　洱
吉林人民出版社出版 发行(长春市人民大街7548号　邮政编码:130022)
印　　刷:鸿鹄(唐山)印务有限公司
开　　本:670mm×950mm　　　1/16
印　　张:8　　　　　　　　字　　数:70千字
标准书号:ISBN 978-7-206-07864-4
版　　次:2011年5月第1版　　印　　次:2021年8月第3次印刷
定　　价:35.00元

如发现印装质量问题,影响阅读,请与出版社联系调换。

总　序

胡维革

《中华爱国人物故事》是一套故事丛书。它汇集了我国历史上80位古圣先贤、民族英雄、志士仁人、革命领袖、先进模范人物的生动感人史迹，表现了作为中华民族优秀传统的伟大的爱国主义精神。

爱国主义是人们对于“生于斯、长于斯、衣食于斯”的祖国的一种神圣感情，是人们对于自己民族的一种强烈的责任感和使命感，是感召和激励整个中华民族的一面永不褪色的旗帜。在漫长的历史上，爱国主义一直激励着中华儿女为祖国的独立、统一、进步和繁荣而英勇奋斗。从伟大的思想家教育家孔子到统一全国的千古一帝秦始皇，从秉笔直书著《史记》的司马

迁到鞠躬尽瘁死而后已的诸葛亮，从伟大的浪漫主义诗人李白到精忠报国的民族英雄岳飞，从七下西洋传播友谊的郑和到抗击倭寇的民族英雄戚继光，从苟利国家生死以的林则徐到为变法流血的第一人谭嗣同，从威震敌胆的抗联将军杨靖宇到人民音乐家聂耳与冼星海，从踏遍青山人未老的李四光到万婴之母林巧稚，从县委书记的好榜样焦裕禄到情系雪域献身高原的孔繁森……都表现出了强烈的爱国主义精神。正是由于热爱祖国的人们前仆后继地奋斗，国家和民族才得以生存，历经一次次历史危急关头而能转危为安，走向兴盛和富强，从而屹立于世界民族之林。爱国主义是鼓舞中华儿女历经忧患、跨越沧桑、百折不挠、自强不息的伟大力量，它贯穿于中华民族的整个历史，并有力地凝聚着五洲四海的中国人。

爱国主义是一个历史的范畴，在社会发展的不同阶段、不同时期有着不同的具体内容。革命时期，需要我们为祖国的独立自主出生入死；建设时期，需要我们为祖国的繁荣富强增砖添瓦；在全国各族人民团结一心建设富强、民主、文明、和谐的社会主义现代化国家的今天，我们要争做一名新时期的爱国者。新时期的爱国者要有强烈的民族自尊心和自豪感。民族自尊心和自豪感是任何时期任何爱国者都必须具备的情感。民族自尊心能增强我们自立向上的恒心，民族自豪感能树立我们建设祖国的信心。要树立“祖国高于一切”的崇高信念，为了祖国和人民的利益不惜抛却个人的利益，甚至不惜牺牲个人的生命。要树立终身学习的理念，拓

宽自己的知识面，广泛吸收新知识新技术，完善自身的知识结构，更新学习知识的方法与理念，从思想上、知识上充分武装自己，为祖国的繁荣昌盛贡献力量。

爱国主义思想的继承和发扬，是关系到民族盛衰、国家兴亡的根本问题。一代代人爱国主义思想情操的形成，需要不断地培养。培养爱国主义的一个重要途径是向爱国主义的英雄人物和典范事迹学习。这套丛书的出版，对于人们向英雄和先进人物学习，特别是对于在中小学生中进行爱国主义教育，将可提供一些生动的教材。祝愿此书出版发行成功，为培养“四有”新人做出贡献。

于2011年4月23日

世界读书日

编 委 会

策　划：胡维革　吴铁光

林　巍　李达豪

主　编：胡维革　邢万生

副主编：贾淑文　吴兰萍

编　委：（按姓氏笔画为序）

于二辉　门雄甲

刘士琳　刘文辉

孙建军　李相梅

李艳萍　杨九屹

谷艳秋　陈亚南

隋　军　韩志国

○ 目录
CONTENTS

目录
CONTENTS

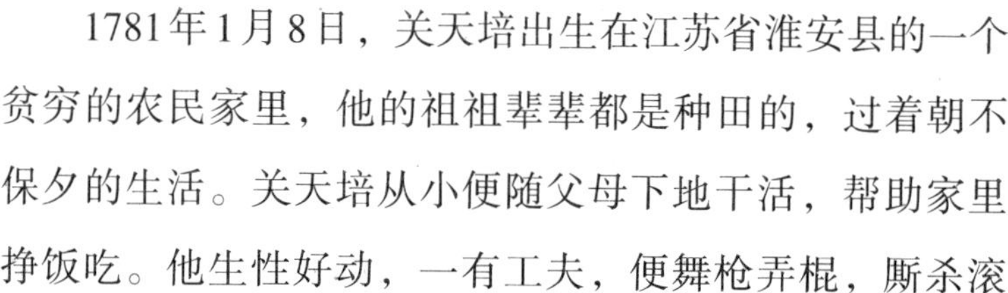

一代名将的成长经历

1781年1月8日，关天培出生在江苏省淮安县的一个贫穷的农民家里，他的祖祖辈辈都是种田的，过着朝不保夕的生活。关天培从小便随父母下地干活，帮助家里挣饭吃。他生性好动，一有工夫，便舞枪弄棍，厮杀滚打，从小就练就了一副好身板。他从小就显得有勇有谋，与小朋友玩时，大家总是听他指挥，围着他转。关天培从小便渴望将来能领兵打仗，成为大将。他曾上

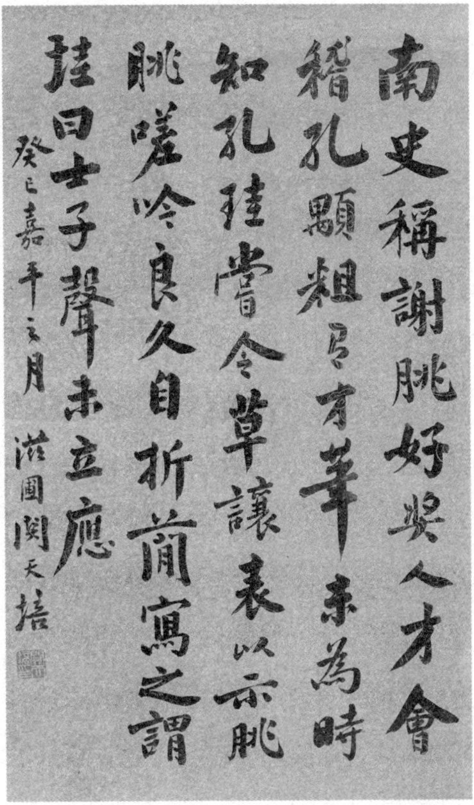

过学，但因家里太穷了，实在没有办法念下去，他便弃学投戎，开始了当兵的生涯。关天培虽然读书不多，但绝对不是个大老粗。他注意自学文化知识，不过他学文并不是为了风花雪月，吟诗作对。他说：“我不学作诗吟赋，只学上奏章行公文，这才是实用之术。”每次他奏章行文时，必定亲自撰文改稿。因此他的奏章行文流畅，言之有物，颇有文采。关天培于1833年写的条幅可以证明这一点。“南史称谢朓好奖人才，会稽孔颙粗有才华，未为时知，孔珪尝令草让表以示朓。朓嗟吟良久，自折简写之，谓珪曰：‘士子声未立应。’”条幅上的字迹刚劲有力，布局严整有度，具有相当的书法功力，其内容也风雅不俗。

在军队中，他勤学苦练，学成一身好武艺。他不想

关天培雕塑

成为一介武夫，草莽英雄，他要成为智勇双全，指挥有方的将军，所以，白天练习武艺，晚上勤学苦读。他念过的书很少，只好从头学起，一字一句地学习。他不喜欢八股文及诗赋、论策，特别喜欢《孙子兵法》等军事书籍，从中学得很多谋略，增长了他的军事才干，成为军队中出色的一员。在他22岁时，顺利地考取了武秀才，走上通往将领之路。关天培凭借自己的一身技艺和精通的战略战术，很快便脱颖而出。由于他办事认真，勤勤恳恳，得到上司的信任，迅速被提升，可以说是平步青云。在清军中，他历任把总、千总、守备、都司、游击、参将、副将、总兵、代理江南提督等职。无论担任何职，他都兢兢业业，一丝不苟，严于律己，身先士卒，很得士兵的爱戴，并且屡次受到朝廷的嘉奖和道光皇帝的召见。

关天培的脱颖而出，要从1826年的“漕河浅阻”讲起。衙门筹办由海上转运漕米，这是一次十分危险的航程，要“行汪洋大海，遇警风骇浪”，关天培“不避毛遂之嫌，力请身任”，于是被委任率领一支由1 254只船组成的庞大船队，运漕米124万余石赴京。途中虽然发生过三百余艘船只漂入高丽（今朝鲜）境内的插曲，但他指挥若定，化险为夷，出色地完成了任务，受到道光帝

的嘉勉。1827年，特旨补授苏淞镇总兵。

1834年，这一年可以说是关天培人生旅程的一个转机。9月，英国驻华商务监督律劳卑率船来华，他们无视中国政府的法律，以通商贸易为借口，公然率两艘军舰闯过广州虎门海口各炮台，直抵黄埔港，进行侵略性的试探。当时的广东水师提督李增阶疏于防范，水师官兵松散无力，根本不能抵御外来侵略者。广东督府卢坤等见此情景，非常着急，火速上奏皇帝。道光皇帝看到卢坤的奏折，龙颜大怒，下令将广东水师提督李增阶革职查办。那么由谁来接替李增阶的提督之职呢？谁来守朝廷的南大门呢？这时他想起了关天培，见此人有干济之才，堪当此任，便下诏，将关天培由代理江南提督升任为广东水师提督。

年过半百的关天培接到皇帝的诏书后，心里百感交集。他为皇帝的赏识和重用感到高兴，从此，自己成了朝廷的高级将领，实现了自己多年的夙愿。到广东水师当提督，也可以更充分地展示自己的军事才能，有着更广阔的前程。另一方面，他也为接广东水师这个大烂摊子感到担子太重。广州是祖国的南大门，英国侵略者律劳卑轻而易举地闯进内港，说明这个大门已经不堪一击了，自己接管这扇大门，牢牢地守住，不让侵略者进入，那将是一个多么重的担子啊！

关天培心事重重地回到家里，看到文弱的妻子、年近八旬的老母和不懂事的孩子，心情更沉重了。他的妻子见

清朝官帽

他心情烦躁不安的样子，轻声地问道：

“不知何事令大人如此不开心，能否说给我听听？”

关天培抬头看了看妻子，起身坐到妻子身边，对妻子说：

“夫人，我今天接到皇帝的圣旨，任命我为广东水师提督，过几天就要到广州赴任去了。”

妻子一听，高兴地说道：

“夫君高升了，应该高兴才对呀，为何闷闷不乐呢？”

关天培重重地叹了口气，说道：

“我是为有此机会而感到高兴。可是此番前去，任务繁重，恐怕无暇照顾母亲和孩子，心里不安啊！”

只见他妻子淡淡一笑，说道：

“你请放心。大丈夫应以国家事业为重，不应为儿女私情所累，有我照顾母亲和孩子，你就放心去吧！我想带母亲和孩子回江苏老家去，这样就免得拖累你，行吗？”

望着如此贤惠而又通情达理的妻子，关天培内心充满感激之情，他决定只身南下，不负皇帝的重托和妻子的希望，为祖国守好南大门。

11月，关天培派人将老母与妻子等送回老家，只身带着个家丁前往广州虎门赴任了。

海运漕米

漕运制度是我国历史上一项重要的经济制度。用今天的话来说，它就是利用水道（河道和海道）调运粮食（主要是公粮）的一种专业运输，即南粮北调的一种方

式。主要有河运、水陆递运和海运三种。狭义的漕运仅指通过运河和天然河道转运漕粮的河运而言。清代早期漕粮一直以河运为主。但是，到了道光初年，黄河泥沙淤积，河水倒灌，河道不畅。特别是道光四年（1824年）冬天，清江浦高家堰的大堤溃决，江苏高邮、宝应至清江浦一段漕船搁浅，京畿地区的粮食供应出现严重危机。于是道光皇帝采纳了英河、陶澍、贾长路等人的建议，恢复海运，由上海雇商船经由海道将江南漕米转运到京城。这是清代历史上的第一次海运，有着十分重要的意义。但是反对的声音很多，连道光皇帝自己都说这次海运是迫不得已而为之，只要河运畅通就恢复河运。确实，海运在当时的造船技术和航海技术的制约下是相当危险的。且不说海上气候变化无常，风高浪急，船只随时有淹没的危险；只要说说当时还有许多海盗横行海上，大

肆劫掠过路商船就可知海运的危险了。由于当时京畿地区急盼漕粮，此次海运关系重大，所以当时主管这项工作的两江总督琦善对漕粮督运人员非常重视，为督运将领的选择大伤脑筋。当时的江苏巡抚陶澍非常器重关天培，在他的一力举荐下，关天培以吴淞营参将的职务成为总督运官，接受了督运漕粮的重任。这次督运漕粮成为关天培人生的重要转折点。

道光六年（1826年）春，关天培受命担任总督押职，率领粮船1 200多艘，满载漕米120余万石，从吴淞口起航北上。关天培对这次押运漕粮十分重视。他坐镇领头的指挥战船上，船上悬挂一面大旗，上书一个大字

"关"，十分威武。"关"字大旗在中国古代可是有着非同寻常的含义。清朝民间对关公关云长的崇拜已经达到迷信的程度，这时的关公是神，不再是历史上那个真实的人。民间传说关天培悬挂这个"关"字，固然是因为他自己姓关，但也是暗示这个船队是属于关公保护的船队，看谁还敢打这个船队的主意。大家相信，就算是海神，也要看关公的面子。所以相传有群海盗已埋伏在船队经过的海岛，准备抢劫这支船队。但见领头指挥战船上高竖一面"关"字大旗，于波涛烟雾中隐约有一员将军稳

关公

坐艄楼，海盗们以为是关帝下凡，竟至一起叩头而不敢动手，运粮船队因而得以顺利到达。实际上这次漕运并非一帆风顺，当船行至渤海湾外时，突然风浪大作，将三百余艘粮船刮到朝鲜海域。据说关天培在桅杆顶上树立大白马旗做标记导航，终于引导全部船只安抵天津大沽口。尽管漕运故事充满了传奇的色彩，但粮船终于全部平安抵达天津大沽口，百万担粮食觥担无缺，三万余名舵工水手无一人伤亡却是事实。通过这次成功的海上漕运，关天培不畏艰险、沉着指挥的大将风采让道光皇帝十分赞赏，不但立即升其为江苏太湖营水师副将，次年又再提升其为苏淞镇总兵，而且多次召见，以示恩宠。

这时的关天培已然成了清朝水师杰出的高级将领。他对水师的情况非常了解，同时也有着自己的独特见解和看法。这次“漕河运粮”的事件也为日后关天培赴任广东水师提督、抵抗英倭埋下了伏笔。

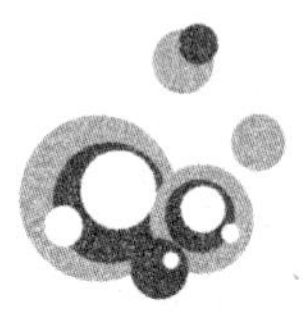

督建虎门三重门户

虎门在广东南部，珠江三角洲的东南侧，是个背山面海的美丽小城，自古以来就是重要的军事要隘。虎门之内，水面非常狭窄，小岛星罗棋布，珠江从这里滚滚南下，水流湍急。一出虎门，水面豁然开阔，珠江流速

陡然减缓，慢慢地注入茫茫的大海。虎门，像一只猛虎，雄踞于祖国南大门，卡住珠江的咽喉，是外洋进入广州城的必经之地，战略地位十分重要。早在明朝万历年间，就开始在这里设防。清朝康熙、嘉庆时，在这里建立炮台，到此时，这里已有炮台7座。

关天培来到虎门上任后，先发告示简化迎接仪式：督署只打扫，不粉饰、不添用具，巡洋官不得离岗前来迎接。到任的第二天，他不顾旅途的疲劳，亲自驾船下海，考察虎门的海防情况。他一个岛一个岛地查，一个洲一个洲地看，每个炮台、每个大炮、每个战舰、每个兵营都认真地查访，召见各营的将士，询问情况，心中对广东的海防情况有了准确的了解。

他确切地感到“虎门为粤海的咽喉”，是“防夷船第一要隘”。要防止英国兵船闯过虎门的事件再次发生，必须要加强虎门海防。而现实情况不容乐观，他看到，虎门如此重要之地，防御力量十分薄弱，炮台年久失修，上面长满野草，一幅残破的景象，武器十分陈旧，几门

破烂的大炮生满了斑驳的铁锈，炮台的布局也不合理，构不成有效的火力网，难怪英国军舰轻而易举地进入内港。装备设施差得令人吃惊，但更令人吃惊的是这里的人，无论是广东海关还是水师，大部分官僚都极其腐败，贪污、贿赂成风。他们利用权力包庇鸦片贩子贩毒，从中获得巨利，甚至勾结外国商人，直接参与贩毒。有的士兵也参与贩毒，军队内吸毒的大有人在，他们玩忽职守，军纪松散，不务正业，整个队伍的素质极差。有的士兵不会放炮，发炮技术很低，很长时间才能把炮弹装上，且很难命中目标，这样的军队怎么能抗击敌人呢！

关天培见此情景，心急如焚，急忙找两广总督卢坤商议，二人决定将此情况上奏道光皇帝，要求自筹款项，从1835年起，对虎门的海防设施彻底改造，对广东水师队伍进行彻底的整顿。

为了使海防设施能够更有效地打击敌人，关天培决定对现有设施进行重新布置。他亲自到虎门测量海口的宽窄，水位的深浅，亲自试验大炮的射程，来确定炮位的远近，为重新设防做好充分的准备。在调查研究的基础上，关天培制定了新的海防计划。

首先，他在虎门增修炮台。除了加固南山炮台(后改名威远炮台)外，还在横档山后和芦山湾麓新建永安、巩固两个新炮台，使虎门两岸炮台增加到10座。其次是添置一些重炮。关天培亲自督铸八千斤大炮20门，六千斤大炮22门，五千斤炮8门，三千斤炮15门。再次是重新调整炮位，重新分配火力。他将虎门的10座炮台分成三道防线，最前沿的第一道防线是最南端的沙角和大角炮

今日的虎门炮台

台，作为前哨，起报警作用。在这里分别安置12门和17门大炮。

这里的主要任务是检查进入海口的船只，对不服从规定擅闯虎门的船只在开炮阻击的同时，以信号旗和炮声给第二道防线的主力炮台发出警报。这是因为沙角、大角这两个炮台相距太远（约八千米），难以对航道形成

交叉火力，封锁海口，故明确其任务，将其改为信号炮台。此即第一重门户。当外国航船进入虎门时，沙角炮台给予验证，然后以炮声或旗帜通知对岸大角炮台。如果是一声炮响，那么来船是正常的商贸船，各炮台则放行；如果来者不善，那么沙角炮台就竖起一杆大旗，大角炮台见旗则开炮轰击来船，第二重防线的横档等炮台听到大角炮台阻击炮声，就做好堵截的准备，开炮阻击。

第二道防线是虎门两岸和江中岛屿的炮台群，将其排列成“品”字形，形成多角度的交叉火力网。东面是威远、镇远和横档三座炮台，各安炮40门，西面隔海相对的是永安、巩固两座炮台，分别安炮40门和20门。1839年，林则徐作为钦差大臣南下广州，非常重视海防建设。关天培在林则徐和两广总督邓廷桢的支持下，对虎门海口的第二道防线进行扩建。

虎门的第二道防线，距离第一道防线7里，是火力集中地区。江心有上、下横档两座小岛。横档岛与左岸之间，水面较窄，水深流急，是珠江的主要通道。关天培派人制造两条碗口粗的铁链，每一环都重达18斤。第一道铁链，安于南山与饭箩排巨石之间，长309丈，上系大木排26排；第二道铁链，安在南山与横档之间，长372丈，上系大木排44排。每1个大木排，由4个小木排联成，每1个小木排，由4根长4丈5尺的木头联成，穿

大炮

有横木，并用铁箍箍紧。每道铁链两头是固定的，中间衔接处用大铁锁接扣，可以开合。平时无事时就将铁链分开，船只可以自由出入；一旦遇到敌情，就将铁链锁上，使敌船无法通过。在这里，专门设4只划船和120名水兵，管理铁链的开合。为了保护这两道排链，又在武山排链安放处建一座靖远炮台，配备大炮60门。在横档与右岸之间，江水较浅，退潮时有不少沙洲露出水面，关天培派人在沙洲上钉下梅花暗桩。这样，即使是涨潮时，敌船也无法从此通过。此时的虎门要塞已经固若金汤，彻底改变原来的面貌，足令敌人望而生畏。

第三重门户在大虎山岛上。从第二道防线上横档岛一线再向北进，在江中有大虎山岛，它和上下横档岛一样将江水一分为二，岛东是主航道。因此在岛的东侧临江边之处，早已建有大虎炮台，其作为最后的屏障，安炮32门。同时，在虎门海口的左侧有蕉门炮台，安炮20门；虎门海口的右侧有新涌炮台，安炮12门。此时关天培不但加固了炮台而且在大虎山岛北面设师船10艘，另配以泅水阵式兵、中水对械兵、爬桅兵、水兵百余名，准备与闯过虎门主阵地的敌舰交战。

关天培在整顿和建设海防设施的同时，也对广东水师队伍进行了整顿。他淘汰水师中老弱病残的士兵，从每百名士兵中挑选出40名身体好的士兵，进行严格训练，称他们是备战兵，将他们训练成技术纯熟、样样精通的强兵，从中选出350名驻守虎门要塞第二道防线的8

座炮台。让士兵们懂得射炮之道，如何放炮，怎样使用交叉火力等，让要塞的设施充分发挥作用。他制定了非常严格的军事训练制度，来改变以往水师军纪松弛、士兵技术低劣的状况。他明确规定各级军官的责任，撤换了一些不负责任、昏庸无能、营私舞弊的军官。他规定专官练专兵，每个军官固定负责几名士兵，士兵的一切都应由这个军官全权负责。另一方面，专兵操练负责专炮。几个士兵一门炮，他们要熟悉这门炮，还要负责炮的保养。这种层层负责的制度使官兵各尽其职，有利于官兵对武器的熟悉和使用。

为了让炮手能够熟练地掌握装填炮弹的技术，他让士兵用破旧的大炮和生锈的炮弹反复练习。他规定，炮手每月要进行两次实弹射击。每次实弹射击，关天培都亲自参加指挥。一天，炮兵们又开始实弹射击演习了，

鸦片战争

炮手们在大炮旁做着准备，关天培也站在最大的一门炮旁，指挥着炮兵射击。突然，“轰”的一声，一门大炮的炮管破裂，炮手受了伤。其他炮兵见此，都有些畏惧和慌乱。只见关天培镇定自若，下令士兵将身边这门最大的炮装上火药，他亲自放响了这一炮。一声巨响，炮手们见提督大人岿然不动地站在硝烟之中，深受鼓舞，他们的畏惧心理顿时消失，群情激奋地投入训练。

关天培还规定，每年春秋两季都要进行一次水陆军联合军事演习，来提高士兵的综合战斗能力。每次演习首先是演习战船攻守操练，其次演习水兵泅水阵式，然后各炮台进行各种火器演习，就连专管排链的士兵也要表演排链的启闭之法。

由于关天培的努力整顿，严格操练，广东水师的作战技术迅速提高，军纪也严整起来，已成为一支纪律严明、能攻善战的海上防卫队了。在此过程中，也体现出了关天培在海防上的非凡造诣。

查禁鸦片

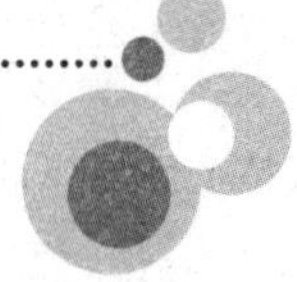

鸦片是一种毒品，俗称大烟，它是由盛产于印度的罂粟汁提炼制成的。

随着英国非法输入鸦片的增多，吸食成瘾的人越来越多。上瘾之人往往面黄肌瘦，精神萎靡，不吸不可，

抽鸦片的人（蜡像）

很难戒掉。清道光年间，内陆18省到处都有烟馆林立。吸食者的范围之广，人数之众，都是相当惊人的。上自王公大臣，下至庶民百姓，从现任文武官员，绿营兵丁到商贾优伶，社会上各行各业的人当中，都有吸食者，

虎门销烟图

据1835年的估计，全国吸食鸦片者约有200万人以上。许多绿营兵丁都有两杆枪，一支是生锈的铁枪，一支是铮亮的烟枪，这样的队伍能有什么战斗力?

鸦片烟毒泛滥于中国，首先是破坏了中国人民的经济生活。因鸦片流入而引起的白银流出，开始破坏清朝政府的国库收支与货币流通。从1834年至1839年英国鸦片贩子向中国疯狂偷运的6个年度里，白银出超年平均达到428万余两。若从1814年算起，中国的白银出超至少在5.5亿两以上。白银外流直接导致“银荒”。白银和铜钱的比价日趋上升。1两白银，按清政府的规定可兑换1 000个铜钱；但到了1833年，则可兑换1 300多个铜钱；1839年上涨到1 600多个铜钱。银价剧升扰乱了中国的货币流通。而首当其冲的则是广大的劳动人民。因为他们零星出卖自己的劳动力时，得到的是铜钱，而缴纳赋税

抽鸦片的人（蜡像）

必用银两。因此，他们的实际负担随银价上升成同比例的增高。

由于鸦片泛滥中国，吸食面广，严重损害了人民的身体健康和精神生活。不仅耗财，并且伤人；不仅使人民经济贫困，还使人民身体衰弱。“上瘾”的吸食者，不可一日无鸦片，明知其害而不能控制自己。整日里靠鸦片的烟雾，营构自己的幻想世界，志气消沉，浑浑噩噩，自甘堕落。由强壮而衰弱，由衰弱而疾病，慢慢走向精神和肉体的死亡。

关天培目睹了吸食鸦片给人民带来的苦难，深感清王朝的根基正在日渐动摇，认为清廷若不立刻禁烟，则“国日贫，民日弱，十余年后，岂惟无可筹之饷，抑且无可用之兵”。换句话说19世纪30年代的鸦片输入，已经成为一个关系到国家民族生死存亡的重大事情。鸦片的大量输入所造成的一系列社会问题引起了一些有识之士的关注与忧患。这些清廉的官员主张鸦片必须严禁，形成了严禁派。与之相反，一些吸食成瘾或利用包庇走私鸦片贪污受贿的大官僚们则反对严禁，主张弛禁。严禁派以林则徐为代表，他于1838年10月上折道光帝，尖锐

林则徐雕塑

地指出鸦片的危害，无情揭露鸦片受贿集团与吸食者的关系，使在严禁与弛禁间游移不定的道光帝顿时猛醒，下了严禁鸦片吸食与走私的决心。并任命林则徐为禁烟钦差大臣，前往广州禁烟。

广州是当时鸦片走私的中心，外国鸦片贩子将毒船停泊在伶仃洋，再通过中国鸦片贩子用民船或商船通过广州这一合法港口，运到中国内地。在林则徐到广州之前，关天培会同两广总督邓廷桢、广东巡抚怡良着手在广东查禁鸦片，截断鸦片的流源。他们派大鹏营和香山

英国东印度公司的鸦片存储库

协二标水师，轮流到伶仃洋上堵截追拿鸦片贩子，并下令碣石、南澳临海二镇水师，注意巡防，一旦遇到外国鸦片走私船驶入，立即驱逐出去。他们在广州内外，破获了私开的窑口案件141起，拘捕烟犯345名，缴收烟枪10 158杆。

关天培始终是严禁派的坚定支持者和铁面无私的实施者。金星门洋面是英、美等鸦片贩子们的一个据点。每年南风起时，他们借口避风，将鸦片船驶入金星门内

鸦片战争浮雕

洋停泊，然后与内陆中国烟贩勾结，采取各种方法，向中国走私鸦片。主禁派邓廷桢出任两广总督后，关天培屡次建议清除金星门的鸦片船。于是，1836年冬，邓廷桢在金星门一带贴出告示，禁止在此处停泊洋船，进行非法交易。

1837年春，关天培派调巡洋舟师，布置在金星门内。无论任何内地船，都不许靠近趸船。并事先密备大船，准备火攻违令洋船。英、美鸦片贩子闻听中国水师的部

署后，不敢擅泊金星门。金星门一带“无夷片帆驶来”。

1837年底，关天培协助邓廷桢在大屿山口的急水洋面，擒获了正在进行交易的鸦片贩子郭康等26人，收缴烟土数百斤，赃款万余两，一举捣毁了郭亚平开设5年之久的鸦片窑口。

禁绝鸦片，代表着中华民族的利益与要求。广东水师在关天培的领导下，始终战斗在禁烟捕贩的第一线。

1839年初主张禁烟的林则徐将赴广州查禁鸦片走私的消息传出后，关天培异常兴奋。他摩拳擦掌，准备助林一臂之力，以表达他深恨鸦片，反对外来侵略的坚强决心。林则徐抵达广州后，关天培积极与之配合，全力以赴，任劳任怨，很快就被林则徐倚为最得力的助手。

共同的追求，共同的爱好，把这两颗年近花甲的心联结在一起，随着中华民族的禁烟大业搏动。他献计献策，林则徐的每项禁烟措施，几乎都有关天培的参与策划；他身体力行，坚决执行林则徐制定的禁烟措施，站在反抗外来侵略的第一线。

1839年3月10日，林则徐来到了广州。关天培与邓廷桢、怡良一起，亲自到接官亭迎接。这两位昔日的老友在这里又见面了。当年在江苏，关天培任江苏太湖营水师副将时，林则徐为江苏按察使，两人曾共同治理过

虎门销烟

水灾，赈济过难民，合作得非常愉快。此次相逢在祖国南疆，二人都十分感慨，决心同心合力，共挽狂澜。

关天培带领林则徐参观了虎门要塞的设施，林则徐非常高兴，并支持关天培对虎门第二道防线进一步扩建。林则徐看到关天培筹建的海防设施如此坚固，广东水师如此精练，对关天培的军事才能和兢兢业业、事事躬亲的态度大加赞扬，称他为南海的“长城”、禁烟的保障。林则徐到任后，在关天培的陪同下，对鸦片船经常出没的地方进行调查。

他与关天培乘坐师船观看虎门防务及水路特征，鉴于鸦片贩子时隐时现的特点，命关天培分派兵哨各船在伶仃洋一带按月巡逻堵截，“无论内地何项船只若接近夷

接官亭

船，概行追击，若其敢逞凶拒捕，一律格杀勿论”。

在充分掌握广东方面有关鸦片的情况后，在关天培等人的支持下，林则徐下令查封广州所有的烟馆。3月18日，林则徐、邓廷桢、关天培等坐堂传讯垄断对外贸易的十三洋行商人。这些行商一贯帮助外商贩卖鸦片，走漏白银，探听消息，进行贿赂，从中谋取暴利。林则徐严厉斥责了他们的罪行。要他们立即“逐一核实供明，以凭按律核办”。并要他们把禁止走私鸦片布告带回洋馆，向外商宣读。要外商3日内缴出所有的鸦片，不得有丝毫隐瞒。并要外商写下“永不敢挟带鸦片，如有挟带鸦片，一经查出，货尽没官，人即正法”的书面保证。他毅然决然地表示：“若鸦片一日不绝，本大臣一日不回，誓与此事相始终，断无中止之理。”并严正地警告外商：倘若“不知悔改，唯利是图，非但水陆官兵，军威壮盛，即号召民间丁壮、已足制其命而有余”。

为了保持其罪恶的鸦片贸易，英国驻中国商务监督义律亲自策划破坏中国的禁烟运动。3月21日，林则徐提出的外商呈报所存鸦片的三天限期已满。义律便支使英国烟贩用搪塞手段敷衍，企图蒙混过关。只报所存鸦片1 037箱，并虚伪地表示要和鸦片交易割断关系。他们认为这样已给足了钦差大臣的面子，以后只要贿赂一下，问题就解决了。林则徐并没有被英国侵略者这种狡猾的伎俩所欺骗。他早派关天培侦知到在伶仃洋面的英国趸船有22只之多，若按每艘装1 000箱计，少说也有二万余箱。义律如此对待禁烟，戏弄天朝官员，是绝对不能容忍的。

3月22日，林则徐传讯英国最大的鸦片贩子颠地。认定他是烟贩中的首恶，断难姑容。让十三行传谕洋商及夷人等，“以本大臣奉命来此查办鸦片，法在必须，速将颠地一犯交出，听候审判”。颠地自知罪行重大，不敢见林则徐。

3月24日，义律看到林则徐动真格的了，便气急败坏地从澳门跑到广州商馆，对林则徐采取恫吓强硬的态度，他“确信坚定的语调和态度会抑制广东省当局的气焰”，拒不交出颠地，并准备帮其逃跑，同时命令伶仃洋面的趸船开走，摆出战争的姿态。但林则徐、关天培等早知他有此手段，早于23日夜，关天培便亲率水师起赴伶仃洋，将22只趸船全部截住。在沿海群众的帮助下，抓住了化装潜逃的鸦片贩子颠地。

这22只趸船是在前一年来到广州附近洋面的。由于沿海各口防御甚严，难于发售携来的鸦片。这鸦片既然

吸食鸦片的工具

运来，鸦片贩子们就不想再运回去。他们千方百计寻求机会出售鸦片。林则徐没有采取历任官员们将其驱逐了事的态度，而是本着中华民族的利益，准备收缴船上的鸦片。当闻听关天培已将趸船截住的快报后，非常兴奋，立即命其将趸船押回广东虎门，准备将其收缴。为了打击义律的气焰，林则徐下令将所有停泊在黄埔港里的鸦片货船全部封舱，停止中英贸易。关天培亦调派水师，严密防范洋馆区，不许外商出入，撤退洋馆里受外商雇

用的全部中国人，断绝了洋馆与趸船的交通。320名鸦片贩子被封闭在商馆中，被限令交出鸦片。如再不交，必处以严刑重罚。在不屈不挠、无所畏惧的中国人面前，义律走到了山穷水尽的地步，他不得不在3月28日，禀呈林则徐："愿意严格地负责，忠诚而迅速地呈缴英商所有的鸦片20 283箱。"

1839年4月11日，天空晴朗，万里无云。碧蓝的大海风平浪静。关天培率领水师官兵，全副武装地坐上战舰出发了。鸦片的收缴工作开始了。林则徐和两广总督邓廷桢也亲自来到虎门，参加验缴工作。只见虎门要塞戒备森严，士兵们个个严肃认真地坚守着自己的岗位。炮手们已将炮弹上膛，瞄准海面，准备随时打击来犯之敌。关天培带领水师舰队押送英国鸦片船到虎门口外。舰上的士兵们个个虎视眈眈，怒视着那些万分可恶的鸦

片贩子。英国鸦片船主见到广东水师如此声势，个个战战兢兢，乖乖地听从关天培的调遣，规规矩矩地将鸦片船开到了虎门口外。

直到5月28日，22只鸦片船上的鸦片才全部收缴完毕。在这一个多月里，关天培日夜驻守在虎门要塞上。这位年过花甲的老将不顾疲劳，风里来，雨里往，认真地检查验缴的每一个环节，工事上的每一门大炮、舰队的每一艘军舰及每一岗位的士兵，难得睡上一夜安稳觉。

困极了，便在公署或其他什么地方睡一会。吃饭也是饥一顿，饱一顿，赶在哪便在哪吃上一口。在关天培的认真负责下，两万多箱鸦片平安地运到了虎门太平镇，没出任何差错。

1839年6月3日，这是一个非常值得纪念的日子，林则徐在虎门销毁鸦片。广州附近的虎门海口人山人海，把两个长宽各15丈的销烟池围得水泄不通。港湾里，关天培指挥水师数十艘战船，排成威武阵势。下午2时，

销烟池

关天培陪同林则徐登上虎门海滩的礼台，在隆隆的礼炮声中，开始了中国历史上近百年来反侵略斗争史的第一页光耀篇章。它向全世界表明了中国人民反抗外来侵略的坚强意志。

从6月3日至6月25日，虎门销烟持续了二十多个日夜。在这中国历史上激动人心的日子里，关天培始终站在林则徐身旁，帮助他在中国近代史上写下壮丽的一页。

重振虎门雄威

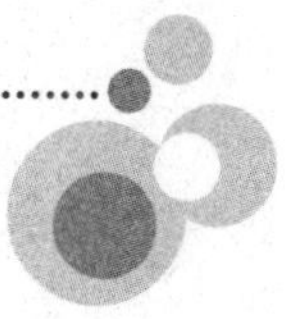

1838年7月13日，英国东印度舰队总司令马他仑指挥两艘军舰开到了广东虎门口外，停泊于伶仃洋面，向中国展示武力，准备以武力保护鸦片走私。关天培见状

沙角炮台

靖远炮台遗址

下令虎门各炮台加强戒备，并亲赴海口督战、指挥水师船只加强检查。7月30日，马他仑直接致书关天培，要求解释广东水师船只的检查行为，并以英舰随时来粤相威胁。8月2日，英国军舰直逼虎门，8月4日马他仑再次致书关天培要求转呈公文给两广总督邓廷桢。关天培严厉声明绝不准英国兵船入口。与此同时虎门炮台已经严阵以待，8月6日马他仑见无机可乘，遂率舰离开虎门。关天培已经由此感到了战争迫近的危机，因此就有了他上任以来第二次大规模的对虎门炮台的修葺增补。

当马他仑的英舰逼近虎门炮台时，广东水师官兵在时隔四年之后(从1834年算起)，再一次感受到了英国军舰的威胁。特别是这次，水师将领曾登上英船，亲眼考察了英国军舰的实际情况。英国军舰当时是世界之最，拥有各类舰船四百余艘。其主要作战军舰虽仍以木制风帆为动力，似与清军的战船差不多。但仔细比较之下却有很大的不同：第一，英舰用坚实木料制作，能抗风涛而涉远洋；第二，英舰船体下部为双层，抗沉性能好(当时中国人称“夹板船”)，且用铜片等金属材料包裹，防蛀防朽防火；第三，英舰船上有两桅或三桅，悬挂数十具风帆，能利用各种风向航行；第四，英舰较大，排水

量从百余吨至千余吨；第五，英舰安炮较多，从10至120门不等。此外，诞生于工业革命末期的蒸汽动力铁壳轮船，也于19世纪30年代起装备海军。尽管此时这样的船吨位小，安炮少，在正式海战中难期得力，在海军中也不占主导地位；但因其航速快、机动性能强、吃水浅等特点，因而可以在武器装备落后的中国沿海和内河横行肆虐。对比一下已经可以跨洋过海的英国军舰，清朝当时的最大军舰则只能航行于内河沿海。由于对风力效能利用的大大增加，再加上对船底包裹金属减少了摩擦的阻力，使英舰的速度比清朝的纯木体船快了许多，在清朝人眼中犹如风驰电掣一般。亲眼所见之下，这种实力上的差距对在水师干了一辈子的关天培是相当震撼的。也使他感到虎门炮台尚有许多需要改进的地方：他认为如果不能在主要防线的炮台前迟滞敌舰的速度，那么即使现有的炮台全力阻击，像1834年发生的那件曾使原广东水师提督李增阶丢官，即敌舰闯过虎门的事可能还会发生。而要延迟敌舰通过时的速度，当务之急就是要抓紧完成他久已打算实施的两项建设。

一是他在1835年就提出的建设拦江铁排链的主张，这是当时根据虎门海口实际，唯一可以实施的在战时封闭虎门主航道、以迟滞敌舰航行速度的措施。如此就可使两岸炮台阻击闯入虎门敌舰的效能大大增加。这项措施当时由于两广总督卢坤的反对而未能实施。1835年10月25日，卢坤卒于两广总督任上，接着由邓廷桢接任两广总督。此时关天培重提旧议，即得到了邓廷桢的支持，于是他又开始筹建这两道拦江铁排链。

拦江铁排链按设计是架在江中的上横档岛及饭箩排的礁石上与对岸武山之间的虎门东水道的江面之上。这里水面宽1 000—1 200米，两道排链在江东边皆安根于武山脚下；其南边第一道的另一边安根于江中的饭箩排巨石上，第二道的另一边安根于上横档岛东边的横档山脚。安根的办法是用人工穿凿深石槽，以八千斤废炮作“根”，横安槽底，炮身外加铁箍四道，上扣由四条扭合为一的铁链，牵引着以木排托起的八条大铁链拦住海口。

铁链比碗口还粗，一个铁环重达18斤。托起铁链的木排则以大木截齐，各长4丈5尺，合四根为一小排，穿以横木二道。又以四小排联成一大排，量宽一丈6尺余寸，面底又各夹以横木6道，用大小铁箍30口箍紧。第一道铁链安大排36排，大链309丈。第二道铁链安大排44排，大链372丈。每道铁链排两头是固定的，中间的衔接处由大铁锁接扣，可以开合。有事则横截中流，无事则分开两岸，以通出入。两道排链，相去约90丈，共

配铁锚棕缆240副。并设划船4只，水兵120名，管以把总2员。无事则中间常开，以通出入。如需防堵，则关闭甚速。林则徐认为其箍扎坚固，铁链精融，开合亦俱得法；非常稳固，雄伟壮观。 在以铁链封锁主航道的同时，他还在副航道水底遍插木桩，将其封闭，以防止敌舰通过。虎门因此成为名副其实的“金锁铜关”。

二是在江东岸的威远与镇远两炮台之间增建当时清朝疆域内火力最强大的超大型炮台——靖远炮台，安炮60门以弥补主防线东岸两炮台之间防御的空档。靖远炮台宽63丈，高1丈4尺5寸，台墙钉桩砌面，垛墙炮洞则用三合土夯打而成，台后用大石砌成90丈长的半圆形围墙，十分结实。为此邓廷桢从行商处筹集十万两银元经费，关天培负责在虎门附近分设木厂、铁厂、石厂、缆厂，就近指挥赶造，至道光十九年(1839年)三月基本完工。虎门成为清朝最强大的海防要塞，其中超大型和大型炮台就有7座：靖远炮台、威远炮台、镇远炮台、横档炮台、永安炮台、巩固炮台、大虎炮台。这在当时全国其他炮台中都是没有的。这时在虎门第二道防线上，以上横档岛为中心，东、西两航道岸边布满炮台，炮台上面火炮发射的炮弹都可以打到对岸的山根，虎门航道完全处于炮台炮火的控制之中。

在巩固、加强各个炮台的同时，关天培还制定了各

炮台之间的通讯联系方式，规定各炮台设立旗杆一根，白天挂旗，夜间挂灯，以保持互相联系、军令畅通。后来钦差大臣林则徐在虎门销烟时，曾奉旨检查了工程质量，对关天培设计的虎门防卫体系表示满意。说虎门炮台、铁链木排“重重布置，均极森严”。经过这两次修筑，虎门炮台已成为中国沿海最强大的炮台，代表了中国古代海防炮台的最高水平。

关天培在修葺炮台的同时，对炮台已有的火炮进行了检查，发现这些火炮良莠不齐。在鸦片战争时，清军的火炮尽管名称繁多，但从样式上来看，主要是仿照西方17世纪至18世纪初的加农炮系列所制的火炮，也即是仿明代引进西方的“红夷大炮”的样式。五千斤大炮射程约八百米。火炮配件非常简陋，每炮配用铁铲一把，

靖远炮台露天炮位

夯药木棍一条，麻扫一条，铁门针一根，铝星斗一副，撵炮什木四条，火龙杆一枝，皮巴掌一个，炮眼盖锡一块，每炮二尊合用水缸一只。每台左右于水中安钉志椿木二根以测潮水，俾弁一望知潮水涨落，以定炮口高低。

由此可以说，清军使用的是自制的老式的“洋枪洋炮”，与英军相比，整整落后了两百余年。此外清军火炮在管理上无定期造换制度。由于平常并不使用，许多露天搁置在炮台、城垛等处的火炮，日晒雨淋，炮身锈蚀。至鸦片战争时，这些火炮的使用年限大多已经很长，清初铸造的比比皆是，有的甚至是前明遗物。若不蒸洗试放，谁也不知能否使用。林则徐曾感叹说：“彼之大炮远及十里内外。若我炮不能及彼，彼炮先以及我，是器不良也。”

海岸炮台的作战方式，是以岸炮来对付入侵敌海军的舰炮，火炮是其防御能力的关键。为此关天培一边修炮台，一边准备铸新炮增加炮台火力。由于当时清朝火炮铸造技术的落后和制度的腐败，火炮的质量很差，铸成率很低。在虎门他曾多次监督试放制造的火炮，如1835年他监督新铸火炮40门，结果在试放过程中炸裂火炮10门，炸死兵丁1名，炸伤兵丁1名，另有5门火炮还

有其他问题。关天培在检查火炮时，发现“碎铁渣滓过多，膛内高低不平，更多孔眼”，其中有一空洞，“内可贮水四碗”。后来他又在佛山镇制造了59门新炮，在试放时又炸裂数门，损坏3门，能用者不足75%。由此可见关天培在当时情况下增强炮台火炮威力的难度是相当大的。为弥补这一缺陷，关天培除自行铸铁炮外，还在林则徐、邓廷桢的大力支持下，从澳门等地购进洋炮二百多门，分置各炮台，以加强防守力量。与此同时，

关天培也对与火炮相关的技术进行了研究，制定了相应的规范。由于火药的质量直接影响到枪、炮的威力，所以关天培对火药配方很重视。至鸦片战争时，清军制造的火药，仍是按照明末的配方，以手工业作坊生产。关天培在铸炮的同时，对当时普遍采用的传统火药配方也进行了整理。他所确定的火药配方是硝80%、硫10%、炭10%。八千斤炮装配火药20斤，六千斤炮装药15斤，各用封门子1个，群子10个。这是当时唯一的火药配方。虽然这一配方中的硝含量过高，容易吸潮，不便久贮，爆炸效力低，但统一标准，使制造和使用有了规范，显然对提高清军的战斗力有直接的作用。

由于当时手工业的生产方式，使关天培无法提炼出更高纯度的硝和硫。药料的杂质成分高，又无先进的粉碎、拌和、压制、烘干、磨光等工艺，只是靠舂碾，结果火药的颗粒粗糙，大小不一，往往不能充分燃烧。这样粗劣的火药，使清军原本落后的枪、炮的射击距离更近，威力更差。这些都是关天培无能为力的。

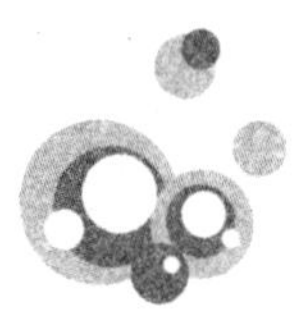

整顿训练水师

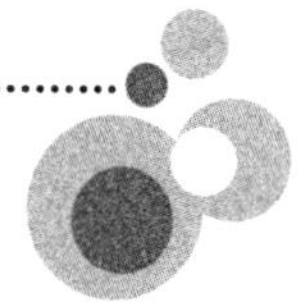

关天培刚到虎门时，清兵武备松弛，守军积习因循，荒于训练，技艺不精，炮台形同虚设。这同当时全国清军的普遍情况是一样的，晚清时期大多数兵勇的操炮技术甚至比不上明朝。中英双方炮兵的操作技术水平差距很大。英国海军炮手训练非常严格，就火炮发炮速度来说，可以达到平均每两分钟发射三发炮弹。林则徐比较双方军事技能的差距后说：“彼之放炮若内地之放排枪，连声不断”，与其相比，“我放一炮后，需辗转移时再放一炮，是技不熟也”。因此

关天培认为："设防固宜扼要，防御尤人，平日操练有方，则临时施放自能得力。"因此，他决心加紧训练整顿广东水师，亲自驻扎在炮台督军操练。在长期指导士兵操练中他逐步形成了完整的训练方案。他在1835年制定的《筹议每年操演拟请奏定章程稿》《筹议春秋二季操练炮准师船稿》《春秋训练筹备一十五款稿》，是整顿训练方案的最初形式；而到1836年他又进一步制定了《创设秋操通行晓谕稿》，是整军方案的完成形态。

关天培春秋两季的操练制度和章程有实行专兵负责专炮、每月两日实炮演习、每年两次水陆联合军事演习、水师驾船逐段水面巡防等。为提高军士操炮技艺，根据实战需要，他研究绘制了各种队列以及攻守形势图，并配有"号令说"的文字说明。对当时炮兵操作前膛炮的各个程序包括装入火药包、放入炮弹、瞄准、点火放炮、清理炮膛、再装入火药包、炮弹等各环节及守卫、出击、配合、策应等都有规定，要求按章进行训练。每年二月末、八月初，他亲临炮台、师船，带领下属将官，率亲兵五百余名，分赴威远、镇远、横档、永安、巩固、大虎、大角、沙角炮台等处，练习炮准。每次操练，关天培都有严格要求：每兵四人管炮一门。四更鼓放炮一响，各兵各自做饭；五更放炮二响，各兵饱餐；人炮三响，各兵携带本身器械齐集中军参将点名。迟到一次薄责，二次重责，三次革队。练兵试炮四响，只中标一响打十棍。每炮配原台兵一名专管瞄准，其装药下子、擢炮、洗炮、燃火等四员作协调，六千至八千斤炮派原台兵二

员协齐兵二员。各炮尾挂腰牌、书炮号，配药、子若干和四名兵姓名。瞄准兵预先瞄准，燃火兵执火龙杆在左位，擢炮兵执皮巴掌在右位看定火门不许他视。一经对准，瞄准兵即扑手一下，不准言语，燃火兵即用火龙杆燃火，擢炮兵用皮巴掌向火门扑。如炮子中靶，司命官即押人记圈号，将炮腰牌挂于胸前，四兵一同领赏。关天培在训练中严格执行军纪，革去“五箭全空”、一枪不中的将领，起用有军事技术的千总、把总训练兵丁，并以兵技优劣为准，对千总、把总进行赏罚。

关天培一方面严格军纪，一方面“体恤兵艰”，上书奏请增加兵丁饷米，想方设法为兵丁争取利益。他利用虎门的关帝庙两间厢房和中军衙门官厅余房，“捐备束修，延师授业”，创办虎门义学，使地处边远的虎门山寨中的兵士子弟也有读书求学之机。

经过几年精心整顿和训练，广东水师初步改变了旧

整顿水师　训练兵丁

态，军纪与训练水平大幅提高。道光十九年九月初五(1839年10月11日)，广东水师在虎门进行秋季操演，钦差大臣林则徐和两广总督邓廷桢亲临虎门检阅。对关天培的整军结果，他们欣喜与满意之情溢于言表。《会阅虎门秋操折》对这次操演做了详细的记载："于九月初五会同臣关天培亲诣沙角、大角、威远、镇远、横档、永安、巩固、大虎及靖远各炮台点验。弁兵强壮足额，军械火器，俱属齐全，调操各营师船十只，皆坚固整齐，额配兵械无缺。臣等随登海口沙角炮台，按图先阅船操，次阅水兵泅水阵式，正变相生，进止合度，枪炮首尾响应，师船调戗轻灵，其泅水以及凫水对械各兵，出没波心，浮潜并用。爬桅各兵，均能升高演技，胆壮气雄。所有九台大炮及施放各式火器，高低远近，悉依臣关天培所定尺寸施放，尚合准绳。各台炮火，夹攻靶船，辄被击中。将弁谙于号令，士卒习于波涛。维时进口夷船下碇远观，声势极为壮盛。又饬专管排链弁兵，分驾划船，将各排链按法启闭，较前愈为便捷。" 由此可见，由于关天培制定的训练措施具体，要求明确，赏罚分明，执行严格，广东水师官兵的技战术有了很大的提高。

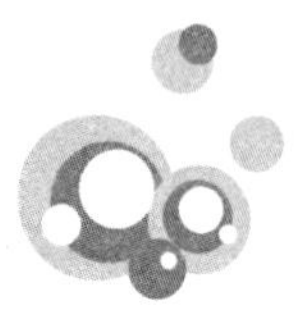

激战英夷

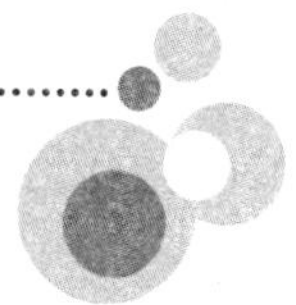

九龙战役

1839年9月4日上午9时，义律、士密等乘坐“路易莎”号，带着几只武装快艇从香港出发，开到九龙山炮台附近海面，假装要求供应食物，向在该处防护炮台、查禁走私和非法接济夷船的大棚营三只师船寻衅。大棚营参将赖恩爵根据关天培的命令，申明在英国人不具结、不交凶的情况下不能给这样的夷船接济食物。义律以被巡游水师船没收的食物，是英国人购买并且付了款为词，大要无赖。而对自己抗拒具结，拒不交出杀害林维喜的凶手却一句不提。所以赖恩爵理所当然地拒绝了义律的要求。义律恼羞成怒，于下午二时，派出小船一只，靠上师船，递交一份“抗议书”，威胁说半小时后不供给食物，他就要击沉水师战船。半小时后，赖恩爵正派遣兵

赖恩爵雕塑

丁前往答复之际，义律竟下令开炮轰击，当场击毙兵丁欧仕乾。英国侵略者的暴行激起水师将士的强烈愤慨，赖恩爵立即指挥各船和九龙炮台反击。水师船兵丁很快将大炮搬到面对英船的船舷上，展开了猛烈的轰击。九龙炮台的大炮也开始轰击英船。

激战进行了两个半小时，英船败退，水师船奋勇追击。下午五时，英舰“窝拉疑”号、武装鸦片走私船“威廉要塞”号等赶来援助，拦截广东水师战船于鲤鱼门，开炮猛轰。广东水师官兵一面设法闪避，一面奋力还击。一发炮弹击中义律乘坐的“路易莎”号的主帆，轰得它在漩涡中乱转，艇上的士兵都被吓得说不出话来，抱头鼠窜，纷纷落水。英军一小划船偷袭一只广东水师船舰的船尾时，遭到师船上将士用火绳枪的英勇反击，击毙多人。六时半，英船向尖沙咀方向逃去。这次战斗，水师官兵顽强拒敌，终以阵亡二人、重伤二人、轻伤四人的损失，取得反击的胜利。

穿鼻洋战役

1839年11月2日，英国海军驻华司令士密率领英舰“窝拉疑”号和“海阿新”号窜抵穿鼻洋海面，并驶入沙角，向关天培递送一封他给钦差大臣林则徐的信，信中要求林则徐收回命令，允许英商及家眷住在澳门，并要恢复一切供应。林则徐义正辞严地拒绝了士密的无理要

穿鼻洋海战

求。3日，关天培派人将士密的信原件退回，士密接到信后，大为恼火，决定立即对中国进行报复。

这天上午，关天培正率领水师在穿鼻洋面巡防稽查。这时，远远看见英船“窝拉疑”号驶近中国船队。当双方接近的时候，士密派人将那封信又送给关天培，并威胁关天培说：

“提督大人，快把你们的船开回沙角去吧，别在这里开来开去的，否则你会后悔的。”

这时，义律也从“窝拉疑”号舰舱中走了出来，趾高气扬地说：

“提督大人，快把你们的破船队开回去吧，一会儿我们发怒了，你们将下海喂鱼的。”

看到英国侵略者的嚣张样儿，关天培肺都要气炸了，他愤怒地说道：

“你们这帮强盗，这是中国的地方，凭什么让我们回去，该回去的应该是你们。还有，你们的水兵上陆胡作非为，打死了我村民林维喜，你们快把凶手交出来，这样，我还可以考虑考虑你们的要求，否则，绝对不可能。”

义律嬉皮笑脸地说：

“提督大人，不要生气嘛！我不早就说过不知道是谁杀害了林维喜，如果要是查出谁是凶手，我一定惩办他。”

双方舌战一会，“窝拉疑”号开走了，关天培率领水师继续巡逻。

中午时分，已经写过保证书的英国商船“皇家萨克逊”号，在中国引水的导航下，开到穿鼻洋面，准备报关入口，上岸贸易。忽然，士密率领“窝拉疑”号和“海阿新”号横穿过来，用大炮对着“皇家萨克逊”号，大声喊道：

“回去，快给我开回去，否则我就用大炮把你打碎！”

船主看到海军司令发了火，只好悻悻地把船掉头往回开了。

这时，关天培率领的水师正好巡逻至此，关天培不知道发生了什么事，正要派人去查问一下，忽然，“轰”的一声，“窝拉疑”号乘关天培不注意，向水师开了一炮。炮弹正落在提标左营二号艇的火药舱上，船顿时燃烧起来，当场烧死6名中国水手。关天培见状，双眼充满怒火，“噌”的一声把腰刀抽出，挥刀大声吼着：

“官兵们，给我狠狠地打！”

只见关天培威严地挺立在桅杆前，镇定地指挥着。

中国水师官兵在关天培的指挥下，奋勇抗击着英国侵略者。由于中国舰船较小，大炮不能自由地上升下降，所射炮弹偏高，命中率较低。这时，英舰“海阿新”号绕到“窝拉疑”号后边，猛烈地向关天培乘坐的师船攻击。忽然一发炮弹从关天培身边的桅杆边飞过，桅杆被击落一大块，正砸在关天培的手臂上，战刀被击落

地，鲜血从手臂上淌了下来。关天培将流血的手臂在衣服上擦了擦，拿起战刀，继续指挥战斗。

提督大人奋不顾身的精神深深感动了广大官兵，他们快速地将一发发愤怒的炮弹射向侵略者。“轰”地一声巨响，船上的一门三千斤铜炮击中了“窝拉疑”号船头上系帆索的头鼻，上面拉帆索的几十名水兵，纷纷跌进大海。接着，其他水师船也集中进攻“窝拉疑”号，击破了该船的后楼，打穿了它的左右舱，敌船帆斜旗落。又有几个水手掉进海里，甲板上的敌人乱成一团。敌舰见情况不妙，只好仓皇地逃掉了。“海阿新”号在激战中

也挨了几炮，见主帅逃跑，便也随“窝拉疑”号，向海面远处逃去。

战后，连外国人对关天培的勇敢精神都表示赞扬，亲切地称他为“穿鼻英雄”。邓廷桢也写诗赞扬他：“万里南交资坐镇，侧闻草木尽知名。”

官涌山战役

英国侵略者对他们的失败不会善罢甘休，他们重整旗鼓，再次向广东水师发动进攻。1839年11月4日，敌人将武装商船一字排开，向广东水师官涌山发动猛烈的轰击。守将陈连升在关天培指挥部署下，已经做好了一切杀敌准备。当敌人发动进攻时，他们以加倍的火力还击，由于他们在高处，占有地形优势，很快便将敌人打得鬼哭狼嚎，抱头鼠窜了。

11月8日，敌人再次向官涌山发动进攻。这次敌人耍了个新花招，采取正面炮击和侧面偷袭的战术，一只敌舰开到官涌山正面，发炮攻击，企图吸引山上的驻军。同时，另用小船从侧面乘潮上岸，百余名敌人持枪上岗，企图强行冲上山头。关天培指挥着士兵没有被敌人的战术所迷惑，一面从正面还击，一面派兵下山截击，用大刀、木棍同敌人展开肉搏战。守军英勇顽强，以一当十，再次打败敌人的进攻。

从11月4日到13日，关天培指挥水师官兵打败英国侵略者的6次进攻，给英国侵略者以沉重的打击，从此，英国侵略者不敢靠岸，他们害怕与广东水师交手，只好寄泊在外洋了。

敌人是被打退了，可是广东有着漫长的海岸线，敌人随时都可能对其他地方发动进攻，只靠有限的水师兵力进行防守是不够的。怎么办呢？关天培与林则徐进行了认真的商量，他们相信群众的力量，决定在群众中招募水勇，对他们进行训练，这样就可以弥补水师兵力之不足。

一天，在广州商馆广场上举行招募水勇的仪式，广场上人山人海，群情激昂。关天培和林则徐等都亲自参加了招募仪式。应募的人要表演凫水和潜游的技能，在岸上，每人要用双手将地上100斤重的石担举到头上，两臂挺直，保持原有姿势数秒钟，然后放下。合格者发给一块腰牌，作为水勇的凭证。

关天培将招募来的水勇集合起来，进行严格认真的训练。在训练场上，有的水勇练习刀法，挥刀如飞；有的练习刺击劈削的技能，个个龙腾虎跃，非常威武。关天培还教水勇们夜袭火攻之法。这些青年水性非常好，走波涛如平地，他们满怀着对侵略者的刻骨仇恨，勤学苦练，很快便掌握了杀敌的本领，成为水上作战的一支

重要力量。

英国侵略者被关天培率领的水师打得逃到外洋，他们便利用鸦片的巨利来引诱中国鸦片贩子。这些鸦片贩子为了获得金钱，置国家与民族于不顾，用民船或商船给外国侵略者送去食物、淡水等给养，从英国鸦片船上换买鸦片。义律等看到在外洋停泊仍可以进行鸦片贸易，并且给养充足，便又趾高气扬起来。

面对这种情况，关天培和林则徐都非常着急，他们知道，水师的船小炮旧，不适合外洋作战，怎么办呢？他们两人商议，决定采取火攻战术。火攻就是组织水勇与水师密切配合，驾驶装满柴草、油料、火药的船只，在白天，将火攻船驶到岛屿或海湾隐蔽处埋伏起来，于深夜悄悄靠近敌船，用长钉牢牢钉住，将敌船彻底烧毁。规定，烧毁一只汉奸船，就给一船的奖赏，烧毁英国船，加倍重赏。

1840年2月29日夜，天格外的黑，伸手不见五指，海面上西南风呼呼地刮着，关天培率领水师官兵和水勇们开始行动了。关天培把队伍分成四小队，埋伏在上濠、下濠、屯门和长沙湾等处。关天培庄严地举起火把，向各船发出了进攻的信号。各船悄悄地疾速驶向长沙湾英船寄泊之处，出其不意，一齐发火。他们将喷筒、火罐等愤怒地扔到敌船上，火借风力，风助火威，刹那间，敌船燃烧起来，火光冲天，浓烟滚滚，敌人烧得鬼哭狼嚎，这里仿佛成了人间地狱。这一仗打得十分漂亮，水师和水勇无一丝一毫的损失，却烧毁敌船23只、附近海滩上的篷寮6间，烧死和淹死了许多敌人，还俘虏了10名穿着英国人衣服的内奸，大获全胜。士兵们奏着胜利的凯歌，挥师返航了。火攻战术吓得英国侵略者魂飞胆丧，惶惶不可终日，他们带领着舰船在外洋上东躲西藏，生怕被水师给烧了。敌人越怕，关天培他们就越使用，他们密切注视敌船的活动，只要一有机会，便给敌人放把火。3月2日关天培给林则徐写信汇报了战况。林则徐十分高兴，认为："此次烧毁办艇，甚为痛快，不独寒奸之心，亦已落顽夷之胆矣！"

5月13日，关天培又一次策划在金星门袭击英船，"令火船十艘，每二艘连以铁索，乘潮盛攻之。夷船亦以舢板撑拒，我兵遂超过其船，杀水手，泅水而返"。

5月22日，广东水师又袭击英国鸦片走私船“希腊”号，击伤该船船长和25名船员。

6月8日，广东水师四百余名兵勇暗伏磨刀洋岛屿。夜半月落时候，他们出其不意，占据上风，合力火攻聚泊在磨刀外洋的英船，焚毁英船两只，烧伤一只，延烧奸民办艇11只，烧毁近岸篷寮9座，捕获逃亡中的罟船1只，击毙英国侵略者4人，活捉汉奸13名。

从2月29日至6月13日，关天培率领水师和水勇先后进行的四次火攻，极大地打击了英国侵略者。为此，道光皇帝称赞其：“提督关天培奋勇直前，身先士卒，可嘉之至！著赏给‘法福灵阿巴图鲁’名号。”

道光皇帝

大战在即

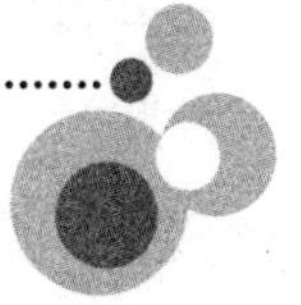

中国的禁烟消息传到英国，英国资产阶级为损失巨利而大为恼火，他们声嘶力竭地叫嚣对中国要采取“强有力的行动”，派海军少将懿律为海陆联军总司令，率领48艘战舰和四千余名士兵，悍然发动侵华战争。1840年

6月21日，英国军舰在广东海面集结，28日封锁了珠江口，震惊世界的第一次鸦片战争爆发了。

战争的乌云笼罩着中国南海，关天培率领广大士兵进入一级战备状态。他们壁垒森严，严阵以待。虎门内外炮台战船，三千余名官兵磨刀擦枪，随时准备战斗。尖沙咀、官涌山附近八百多士兵扼守着山梁，严防敌人的侵犯。关天培见敌人来犯之势，便和林则徐商量退敌之策，根据敌我力量及优劣比较，决定采取“以守为战，以逸待劳”的战略战术，固守虎门。为了进一步加强虎门的防御力量，在虎门又增置二三百门大炮，随时准备消灭来犯之敌。

英国侵略者又北上侵犯时，关天培和林则徐在广州则寻找机会，打击留在广东的侵略者。

当英国侵略者攻占了定海的消息传到广东后，留在广东海面的英军也蠢蠢欲动。8月19日，英国侵略军在士密指挥下，乘“进取”号等舰出其不意地偷袭关闸炮台。中国官兵进行英勇还击，但由于敌强我弱，损失较大，敌人占领炮台，轰毁关闸界墙后，又把炮台大炮的火门给塞住，并放火烧了棚房，然后趁潮而去。

侵略者的行动引起了中国官兵的极大愤怒，关天培和林则徐商议，决定派广东水师舰船追敌船至外洋，给英军以打击。

关天培先派少量水师舰船到外洋侦察英军舰船的去向，发现英舰都聚集在磨刀外洋，关天培和林则徐制定了水师合剿英军于磨刀洋的作战方案。

8月28日，水师舰船都在沙角等待命令，关天培和林则徐来到沙角，给士兵们作了战前总动员。只见关天培慷慨激昂地说道：

“士兵们，英国侵略军已经打到我们的家门了，他们占领定海还不满足，还想侵吞我们广州，我们能答应吗？不，决不能答应。只要我广大水师在，决不能让侵略者踏进广东半步！”

士兵们群情激愤，高声呼喊着，个个摩拳擦掌，准备狠狠地打击侵略者。广大水师开始出洋作战了。

31日，出洋水师在冷水角看见一只英军火轮船驶进龙鼓海面，当即派出兵勇跟踪追击，英军火轮船腰部被炮火击中，仓皇逃跑。不久，在龙穴西南海面发现一艘英舰，在东面还有4艘英舰和舢板船5只，水师急忙转舵，赴向龙穴。双方在矾石洋上相遇，炮战开始了。水师首先向英舰“架历”号开炮。只听得“轰”的一声巨响，“架历”号的头鼻被打坏，舰上的敌人嚎叫着，滚落大海。“架历”号的炮弹已经用尽，水师官兵正想夺下此舰，其他英舰慌忙赶来拼死救援，师船只好舍去“架历”号，进行回击。战斗一直进行到天黑，这次海战，英舰受创不轻，有数十名英军被击毙，使英国侵略者受到了沉重的打击。

1840年11月29日，清朝新派的钦差大臣、署两广总督琦善到达广州，英国侵略者的舰船又返回广东海面，虎门口外，战云密布。侵略者在广东海面上耀武扬威，目的是想威胁琦善，让他在和谈中做出更大的让步。而琦善早已被侵略者的“虎威”吓坏了，一到广州，根据皇帝“勿起边衅”的旨意斥责广东水师的正当防卫行为，派人向英军道歉，并且到处散布抵抗无用的论调。很显然，这是对正在摩拳擦掌积极备战的广东水师的沉重打击。同时还下令关天培裁去水师兵船三分之二，遣散全部水勇，毁掉虎门的排练和暗桩等海口防御工事。关天培接到琦善的命令后，看到自己多年来苦心经营日夜守卫的防御工事即将毁于一旦，和自己并肩作战、屡立战功的水勇就要离去，心情非常痛苦。他想到：如果执行琦善的命令，今后敌人来犯，虎门将无要可守，也没有多少可以打仗的兵了。想到这里，他决定到钦差大人的府邸，请求琦善收回成命。

关天培来到琦善的府邸，这位年逾花甲的老将为了祖国，为了民族，在琦善面前跪下千金之躯，眼含泪水地请求道：

“钦差大人，虎门的设施不能拆，水师兵船不能裁，水勇不能散啊！这些英国洋鬼子出尔反尔，虽然可以暂时和您议和，但随时都可能用武力攻打我们，到那时，我们凭什么还击呀！那时，人为刀俎，我为鱼肉，只好任人宰割了。钦差大人，下官求您收回成命，和我们共同抗击英军，那么，和谈也会有后盾啊！”

琦善听了关天培的话，很恼火，他大声呵斥关天培，说道：

“都是你们这些好战之徒，惹怒了洋人，给皇帝招来麻烦。你们不认真思过，还要求再战，简直是岂有此理!”

关天培见善琦不答应，苦苦地求着，琦善愤愤地站起来，说道：

“你是钦差大臣，还是我是钦差大臣，难道还让我听你的吗?”

说罢，拂袖而去。关天培也强压着怒火，回官署去了。

琦善对侵略者卑躬屈膝，一味地退让。他让英国人到虎门内察看地形，探测内河等，使虎门设施完全暴露在敌人面前。关天培率领剩下的水师官兵日夜坚守着阵地，准备随时与敌人同归于尽。

1840年8月19日，关天培指挥广东水师官兵在狮子洋上开始大规模的联合演习，试放各类火炮，抛掷火球火罐，以及演练爬桅跳船各种技能。整整两天，关天培特邀两广总督林则徐亲加校阅。看完演习后林则徐对广东水师的高昂士气十分满意。第二天他写信给广东巡抚怡良说：(广东水师)“每日皆阅两操，若以纪律绳之，未必尽合，然争先向往之概，似亦足张我军。且由桅上过船，较之缒而登者，奚啻霄壤!毕竟澎海人习于帆樯之技，或可使英贼胆寒也”。此时的广东水师已是上下一心，严阵以待。

英军主力北上后，在整个7月中，广东没有发生战斗。双方的军队在紧张对峙的气氛中谨慎地避开了正面冲突。到8月，随着北上英军攻占浙江定海的消息传开，留在广东海面的英军也蠢蠢欲动，他们抢劫海盐船，劫杀渔民。对此关天培指挥广东水师进行了坚决的回击，因此而爆发了关闸和矾石之战，这是英军封锁广东海口以来两次主要战斗，中英双方各有胜负。

关闸之战：8月6日晚清军抓捕了违规入境的英国人士担顿。8月19日中午，封锁广东海面的英军以此为由偷袭了关闸炮台。关闸是香山县前山通往澳门的陆路莲

花径的一座关门，安设大小炮27门。英军首先集中舰上大炮轰击炮台。炮台守军在开炮迎击时，闸内闸外官兵也一齐赶来支援。关天培在收到报告的同时，一方面急令广东水师驻防前山一带的香山协师八只船援助，另一方面命令惠州协师船在隔岸开炮攻打英军。但是，由于武器质量低劣，清兵大炮的射程大都不够，打不到英舰。炮战一小时后，英军压制住了清军炮台火力，380名英军分乘舢板登岸，占领关闸炮台。他们将安在关闸的大炮倒回炮口点放，攻打关闸，轰毁关闸界墙。又钉塞炮台大炮的火门，放火焚毁棚房和帐篷；并搬走大炮数尊，趁潮退撤去。

矾石之战：8月31日，广东水师的舰船在冷水角发现英军火轮船一只驶入龙鼓海面。为打击英军的嚣张气焰，关天培当即派出兵勇乘坐快船跟踪并开炮射击。英军火轮船被我炮火击中腰部后逃去。不久，关天培又接到探报，龙穴西南海面又发现英舰一艘，其东还有英舰4艘，舢板船5只。关天培遂指挥水师转舵直趋龙穴。不久，在矾石洋面追上英舰，双方展开炮战。到天黑时，英舰随潮南窜败落。这两次军事冲突显示了大战的阴云已经愈来愈近了。

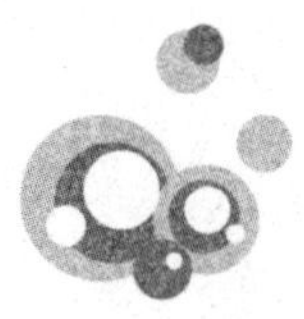

血战虎门

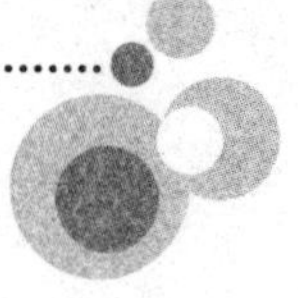

1841年1月7日，英国侵略军调集二十余艘军舰，对虎门发动了猖狂的进攻。敌人兵分三路，袭击虎门的第一道门户——沙角和大角炮台。两队英舰分别从正面炮击沙角和大角炮台，又用轮船将英军陆战队一千四百多人运到穿鼻湾登陆，抢占沙角炮台后山。上午8点半，激战开始了，前面英舰的大炮向沙角和大角炮台猛烈轰击着，背后，英军陆战队从穿鼻湾蜂拥而上，炮台危在旦夕。关天培此时驻守在靖远炮台，知道情况后，心急如焚，但实在无力援助，只好眼睁睁地看着炮台被敌人占领了。炮台守将陈连升在孤立无援、背腹受敌的危急关头，率领炮台上的600名官兵奋勇抵抗着。

面对英军的进攻，他断然蔑视琦善“不准开炮还击”的命令，指挥全体官兵坚守阵地，奋勇还击。同时派人飞书求援。但琦善对陈连升的告急文书，束之高阁，不

理不问，拒发一兵一卒。在前有强敌，后无援师的不利情况下，他遵守关天培提出的“以守为攻，以逸待劳”的作战原则，率领军民日夜坚守沙角炮台。英军自恃人多势众，攻破了防守较弱的大角炮台后，又集中火力，攻击陈连升防守的沙角炮台。陈连升与其子陈举鹏率领600守兵英勇还击。敌人眼看正面攻不下来，就派出陆战队，从后山的穿鼻湾绕道突袭南面的阵地。陈连升立即组织反击，以地雷、木石、杠炮连续数次打退了用竹梯爬上来的敌兵，歼敌数百人。激战到傍晚，炮弹和火药用尽，英军趁清军火力减弱之际，偷偷烧毁了水师兵船，随后与后山包抄上来的英军会合。此时，沙角炮台已处在英军的包围之中，情势万分危急。但陈连升和将士们毫不畏怯，继续奋勇抵抗，英军从前后左右蜂拥而上。

陈连升骑在马上，拔剑高呼："壮士们，父老兄弟们，为国捐躯的时候到了，中国的土地决不能让夷人蹂躏。"官兵们在他的鼓励下齐声高呼："愿与将军同生死，誓与炮台共存亡。"他们弯弓搭箭，一连射死数十名敌兵，敌人

陈连升雕塑

纷纷后退。箭用完后，敌人又发起进攻。陈连升抡起利剑大吼一声，数百名士兵向合围的敌人冲去，展开了一场肉搏战。敌人措手不及，被英勇的守兵们刀劈剑刺，死伤无数。后面的敌人纷纷使用洋枪，一时间枪弹像飞蝗一般向陈连升射来。陈连升中弹落马，鲜血染红了战袍。他圆睁虎目，强行挣扎爬起，使出全力，将利剑掷向敌人的胸口。

陈连升，“生持利剑呼砍贼，死守函关誓化泥”。终因寡不敌众，壮烈殉国，谱写了虎门保卫战的序曲。

沙角一战，英军损失惨重。他们占领炮台后，找到陈连升的尸体，一块一块地切割，发泄他们对勇士的愤慨，手段残忍，令人发指。

关天培闻听沙角炮台失守，陈连升父子以身殉国，禁不住老泪横流，悲怆万分。龙城失去飞将，胡马已临阴山。

大角和沙角炮台丢失，虎门的第一重门户被打开，敌人开始向关天培驻守的第二重门户进攻了。大角和沙角失陷后，琦善恶人先告状，他不说是由于自己一味投降不抵抗造成的，反诬告关天培轻启战端。昏庸的道光皇帝被英国侵略者吓破了胆，对琦善偏听偏信，竟然下令处分了关天培，责怪关天培平时统兵无方，临时又仓皇失措，故失炮台。下令革去关天培的顶戴，令他戴罪立功，以观后效。

此时关天培的心情痛苦极了，一方面是大敌压境，虎门要塞危在旦夕，而自己所掌握的兵力只剩下几百人，怎么可能守住要塞呢？另一方面，皇帝偏听偏信，降罪于自己，而钦差大臣却一味主和，不思战守，自己无依无靠，无援可依，恐怕只有死路一条了。他心潮起伏，彻夜难眠。他不是怕死，而是怕自己辛辛苦苦经营6年之久的虎门要塞一旦被攻破，英国侵略者占据祖国南大门，便可以长驱直入了。

不，不能就这样失败！我要做最后的努力。想到这里，他连夜赶到钦差大人的府邸，再次苦求钦差大人派兵援守炮台。

夜已深了，琦善早已进入梦乡。突然，一个仆人走进卧室，将沉睡的琦善叫醒。只听仆人疾声说道：

“大人，快醒醒，水师提督关大人有要事找您。”

只见琦善翻了翻身，挥挥手说：

“去，告诉关天培，有事等明天再说。本大人今晚不见。”

仆人走了，过了一会又回来，对琦善说：

“大人，关天培不肯走，今天晚上他一定要见您。”

琦善没有办法，只好穿衣起床，来到前厅会见关天培。看到关天培后，他阴阳怪气地问：

“不知深夜提督前来有何事相商?”

只见关天培老泪纵横，急切地对琦善说：

“钦差大人，虎门要塞危在旦夕，虎门失守，后果将不堪设想，望大人能给下官派些援兵，共守虎门。”

虎门血战

琦善满脸不悦，说道：

“我以为提督大人深更半夜来找我是什么事呢，原来是让我发兵啊，这怎么能行呢？我现在正在和英军谈判，如果派兵，他们会说我不守信用，没有诚意的。他们要发起怒来，我可担待不起。我们不能轻易出兵，否则皇帝要怪罪的。”

看着琦善一副卖国求荣的奴才相，关天培气愤极了，他愤怒地瞪了琦善一眼，头也不回地冲出了钦差大人的府邸。

关天培来到靖远炮台，手摸着自己心爱的大炮，泪水顺着脸颊淌着。看着奔腾汹涌的珠江，错落有致的炮台，他难过极了。用不了多久，这些将不再属于自己，自己恐怕也永远见不到了。他默默地回到府邸，将自己所有的衣物都收拾好。他想到自己白发苍苍的老母亲，温柔贤惠的妻子，没有长大成人的儿子，他们远在江苏老家，自己恐怕再也见不到他们一面了。自己没有什么能留给他们，他把自己珍藏多年的几枚掉下的牙齿拿了出来，放在手里看着，这是母亲给我的，我应把它还给母亲。他又拿出一把剪刀，将自己已经有些花白的头发剪下一缕，和牙齿一起，用一件旧衣服包好，放在匣子里，心里默默地叨咕着：

“妈妈，孩儿不孝，我要先您一步走了。”

第二天，他派人把装着牙齿和头发的匣子送回到江苏老家，并一再叮嘱他，送到老家后，不要让家人马上打开，让他们等待我的消息。他又派人将其衣物全部拿去卖掉，只留下一把跟随自己多年的战刀。他拿着换回的钱，把和他一起驻守炮台的士兵召集起来，心情沉重地说：

"兄弟们，多少年来，我们一直风雨同舟，患难与共，亲如兄弟。现在，生死攸关的时刻到了，望兄弟们能够同心同德，奋勇杀敌，誓死保卫我们的祖国，保卫我们的家园。"

士兵们热烈地鼓掌。关天培接着说：

"兄弟们，恕本官无能，使兄弟们遭此劫难，我无以报答。我是一个穷官，没有多少积蓄，我只有这点钱，分给大家，你们把它寄给你们的父母、妻子，给她们点儿安慰。拿着吧，兄弟们!”

望着眼前一张张年轻而又生龙活虎的脸，关天培再也说不下去了。士兵们眼含热泪，用颤抖的双手接过钱，他们都知道这意味着什么。他们毫不畏惧，决心与关大人共赴国难。

1841年1月8日，就在沙角、大角战斗结束的第二天，英军就发出进一步扩大战争的叫嚣。派人给关天培送来了“照会”，提出五项无理的停战条件。其中最重要的是“应将现在起建之炮台各工停止，不得稍有另作武备”，并要求限三日内允准。而在稍后，英军又派兵在“水底暗算”，破坏了第一道拦江铁排链和部分江底的木桩。关天培是久经沙场的老将，当然知道更大的战争已

迫在眉睫，停战和谈只是英军的计谋，战争已不可避免了。因此为争取时间，修复武备，他采用缓兵之计。不去正面回答这些条件，仅在1月10日照会义律、伯麦，告以此事归两广总督琦善管，所以需要与其“往还酌商”，三日期限，“万来不及”，要求英方等待。并提议“可否再为商议”，同时含混的许诺“缓商办理，未有不成之事”。这一策略取得了成功，从后来伯麦1月11日照会来看，英方认为关天培已允诺“彼此不应再作武备”这一停战条件。关天培的缓兵之计争取到了加强虎门的防守、准备再战的时间。

在这段宝贵的时间里，他根据沙角之战暴露出清军炮台侧后往往布防空虚的教训，在武山侧后的三门水道开始修建一座安炮80门的隐蔽式炮台，以防英军故伎重演；在威远炮台的南侧、上横档岛等处，紧急调用沙袋搭垒临时性炮台；又在各处炮台的侧后，添派兵勇，准备与抄袭后路的英军登陆部队作战。伯麦见此情曾于1841年1月11日和13日，两次照会关天培，

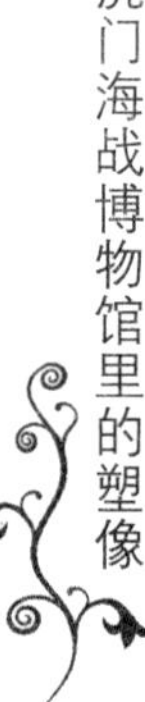

虎门海战博物馆里的塑像

要求对此做出解释，否则立即动武。关天培继续采用拖延政策，复照表示“排链已不添安”；各山所搭帐房“全行撤去”；新增援的官兵不能立即退走，是因为雇船“未能速到”。从后来的事实来看，沙角、大角之战后，除排链重建一事外，虎门第二重门户横档一线的增兵添防工作一直没有停止。到大战爆发前横档一线有威远、靖远、镇远、横档、永安、巩固六座炮台及一道排链(第一道排链已经被毁坏)。各部分的情况是：

(1)东岸。武山一带有镇远、靖远、威远三座炮台，火炮增至147门；在威远炮台南，建有两座沙袋炮台，安设小型火炮30门；在炮台后山，建有军营，驻以兵勇，以防英军抄袭后路。

(2)江中。在上横档岛，除原设横档、永安两炮台外，在该岛的南北又增建用沙袋垒的炮台；在岛中部的军营中驻有不少的兵勇，准备与登陆英军交战。全岛的火炮数目增至160门。

(3)西岸。在芦湾一带，除原有的巩固炮台外，又在芦湾山后建一军营，驻守兵勇。炮台和军营共有火炮40门。

总之，在横档一线，清军在此时共有兵勇8 500人，火炮377门，远远超过了以前的数量。在短短的几十天内，如此大规模增加军备，可见关天培已经尽了自己最大的能力了。

战争不可避免地到来了，而且这是中国正式对英宣战以来的第一仗，是全力以赴的广东水师同英国海军主力之间的正式较量，胜败影响巨大而深远。

黑云压城城欲摧，虎门要塞危在旦夕，而琦善拒不发兵救援，引起广大爱国志士及官兵的愤怒，他们强烈地要求琦善出兵，援助关天培。已被免职的林则徐、邓廷桢和广东巡抚怡良等，也坚请琦善派兵援守虎门，保住进入省城的要隘。琦善看众怒难违，不得不派兵援助关天培。当时琦善握有八旗兵、绿营兵及团练数万大军，而他只派刚刚到达的贵州兵1 000人，增援太平墟；湖南兵900人，会同广东省兵700人出守乌涌口，装出一副准备抵抗的姿态。

然而，这一切已经太晚了。2月25日，英军18艘军舰冲进虎门，将下横档岛、永安两个炮台团团围住了。

2月26日拂晓，天灰蒙蒙的，还不停地下着小雨，英国侵略者向虎门各炮台发动了总进攻。他们先向被围的下横档两个炮台开炮，当时守将庆宇、达邦阿率领官兵，进行拼死抵抗，多次打退了英舰的进攻，一直激战到中午，终因寡不敌众、弹尽粮绝而失败了。敌人一窝蜂地涌上炮台，守卫炮台的士兵们誓死不投降，和守将一起，集体悲壮地跳入水井，以身殉国了。

上、下横档失陷后，关天培镇守的靖远炮台及其两

侧的镇远、威远炮台就直接暴露在敌人的火力之下。靖远炮台是一座刚竣工不久的新炮台，只有大炮60门。敌人开始疯狂地向

靖远炮台开炮，关天培和游击麦廷章等亲自率领士兵开炮还击着，战斗异常激烈，轰轰的炮声惊天动地，一片片火光映红了天际。关天培对着士兵们大声地喊着；

“兄弟们，给我狠狠地打!”

士兵们齐声回应着，高山大海共鸣着，一片悲壮景象。

关天培手握战刀，沉着地指挥着。突然，一个炮守中弹倒下了，他急忙来到这门八千斤巨炮前，亲自点响巨炮，轰击敌人。由于他们的炮式陈旧，炮台上有八门大炮因过热而炸裂了，另有一些炮因被雨水浸透而失效，火力大受影响。到了下午2点，敌人的炮火更猛了，炮台上的守军已阵亡大半，弹药也所剩无几了。英国侵略者在炮火的掩护下，开始攻上炮台。

炮台上到处是守军的尸体，鲜血已染红了这座神圣的炮台，活着的守军将士们眼睛都红了，他们从伙伴的尸体上踏过去，愤怒地冲向敌群，同敌人展开了肉搏战。

关天培拿着战刀，拼命地与敌人厮杀着，他一身武艺，接连砍死好几名敌军，他的身上也受伤数十处，鲜血和着汗水，浸透了他的战袍。这位年已62岁的老将已经几天没有合眼休息一会了，疲惫异常，他凭着自己顽强的意志支撑着，在战斗间歇中，他把跟随自己多年的仆人孙长庆叫到面前，沉重地对长庆说：

“长庆啊，这是我的提督印，你快突围出去，把它送给抚军，决不能让他落在敌人的手里。”

孙长庆跪在关天培面前，痛哭地说着：

“不，大人，我决不离开您。我已跟随您十多年了，现在您有急难，我怎么能离您而去呢？我生也与您在一起，死也与您死在一起，决不离开您！”

他用手抓着关天培已被鲜血染红的战袍，死死不肯离去。

眼看敌人又冲到面前了，关天培急了，挥起战刀将大襟割断，大声地对孙长庆吼着：

“走，你给我快走！我上不能报答皇上的恩德，下不能孝顺老母，死有余恨。你如果突围出去，到老家告诉我的夫人，我死后，只要她能孝敬我的老母，我死也就瞑目了，她对我的恩德，只有来世再报了。”

说到这里，使劲推了孙长庆一把。孙长庆接过大印，哭号着冲下山去。

送走仆人，关天培又冲向敌群。忽然，一发炮弹击中了他的胸部，这位久经沙场的老将为国捐躯了。但他双目不闭，挺立不倒，仍像一座长城，威严地屹立在炮台之上，英国侵略者看到关天培屹立如生，吓得赶紧趴下。

孙长庆送印回来，战斗已经结束。炮台上到处都是守军们的尸体，鲜血和着雨水汇成一条小河，涓涓地在炮台上流着。他在尸体中寻找着。当他看到关天培的尸体时，这位老将全身都被炮火烧焦，数十处刀口还在流血，鲜血已染红了地面。他背起主人的遗体，一步一步地走下炮台，向远处走去。

虎门保卫战悲壮地结束了，中国的南海“长城”倒下了。广东人民听到关天培牺牲的消息，万分悲痛，他们自愿组织起来，为这位身无半文、英勇献身的老将捐款，筹办丧事，送这位忠魂回归故里。林则徐听到关天培牺牲的消息，哀友悲国，愤然写下挽联：

六载固金汤，
问何人忽坏长城，
孤注空教躬尽瘁；
双忠同坎壈，
闻异类亦钦伟节，
归魂相送面如生。

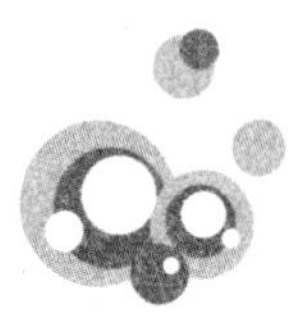

传世之作

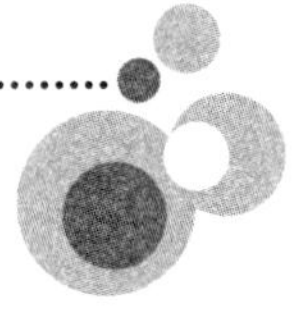

《筹海初集》汇集了关天培在道光十四年(1834年)九月至十六年十一月期间所上奏折以及各种公牍。全书4卷，约13万字，附图28幅。书前有自序：“培莅任以来，如临如履，凡思虑所能及，力量所能到，事之所能力肩者，莫不次第举行，期于有备。唯近性健忘，是以将一切稿体录而存之，愈积愈多，久而成帙，爰即饬承，摘分四卷，名之曰《筹海初集》。”此书是关天培在积极备战之余，将建设虎门要塞，改善武器装备，提高水师官兵素质的经验和有关资料，汇集编纂而成。全书反映了关天培的军事技术思想及其实践的成果，对海口防御布局及炮台建设、火药、铸炮、武器装备管理、练兵等都有论述，是供大清各地海防要塞参考的实用工具书。可以说这是一本集中代表了当时中国海防理论和实践经验的海防专著。

其主要内容有如下五方面：

1. 虎门防御布局及炮台建设

虎门的布防格局和炮台的坚固程度是有效抗击外来侵略的关键。书中首先记载了关天培收集的当地水文资料，及其对已有的各炮台逐一进行勘查后掌握的第一手炮台资料。其次，论述了关天培“虎门各炮台尤当力加整顿”，“以壮观瞻而严备御”的思想，及其根据虎门

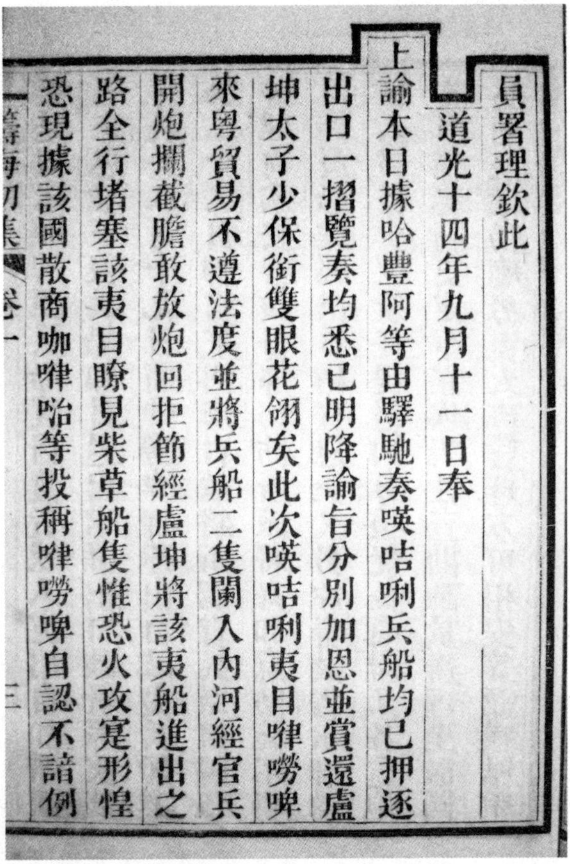

員署理欽此
道光十四年九月十一日奉
上諭本日據哈豐阿等由驛馳奏暎咭唎兵船均已押逐
出口一摺覽奏均悉已明降諭旨分別加恩並賞還盧
坤太子少保銜雙眼花翎矣此次暎咭唎夷目嗶嘮啤
來粤貿易不遵法度並將兵船二隻闌入內河經官兵
開炮攔截膽敢放炮回拒節經盧坤將該夷船進出之
路全行堵塞該夷目瞭見柴草船隻惟恐火攻寔形惶
恐現據該國散商咖啡哈等投稱嗶嘮啤自認不諳例

籌海初集　卷一　三

《筹海初集》

地区水文地理防务现状，提出著名的“三重门户”防御体系的规划及具体的改造方案。第三，记载了对已有的三个炮台的改建经过和新建的三个炮台的详细情况。

2. 火药务必精工炼制

由于虎门炮台装备的火炮及其他火器数量众多，对火药的需求量大，关天培在书中提出了火药要“精工炼制”的思想。只有精工炼制的火药，才能使射出的炮弹“致远于汪洋，攻坚于口岸”。然而当时广东水师所使用的火药，常因制作的不规范而使射出的炮弹不能“致远摧坚”，影响了清军的作战训练。为了解决这一多年困扰广东水师的问题，关天培亲临火药制造作坊，研究了火药配方、火药配制工艺、火药的密封与贮存技术，在《筹海初集》一书中提出了以下四条改进措施。

其一，对制造火药用的硝、硫、炭等原料必须进行精选、精炼。

其二，配制火药要在秋高气爽的季节进行，绝不能在夏季多雨水的季节制作，以保持所制火药的干燥洁净，处于良好的备用状态。

其三，炮用火药按每百斤配硝80斤、硫10斤、炭粉10斤的比例配制。造成晒干后即贮于瓷缸之内，密封严固，不使透气，不让其吸湿转潮，影响发射。

其四，大批量制造火药应采取分散制造，约期共同使用的措施。这样既满足了使用的需要，又保证了火药的质量。

3. 铸炮断不可稍有将就

关天培认为，海口设防以火炮为第一重要，铸造“断不可稍有将就”。在书中他提出铸造火炮必须实工实料，锻炼纯熟，断不可稍有将就，只有这样，才能铸造出轰击得力的火炮。他在书中记载了他主持铸炮验收时，严格按照规定执行，保证了火炮的质量的事例，以供各方借鉴。同时也介绍在火炮制作、原料采集、工艺设计、试放验收等项工作的要点及各自的重要性。

4. 武器装备及管理

严谨、细致、缜密是关天培建设海防的风格。在书中特别能体现关天培这种思想的是他有关军事装备的论述，其中主要有：各炮台火炮要增备火药、封门铁弹、群子，以备使用；虎门炮台的所有234门火炮，都要制作炮盖，遮盖炮身，以免日晒雨淋，锈烂炮身；每年抽调提标中左右及香山、大鹏等5营各2艘，共10艘米艇船，进行春秋两次大操，为船上装备的120门船炮，要准备21 600斤火药、13 412个装火药的红布袋；每年每门火炮需要更换随炮附件；每年需要更换一次标志桩，以便测量潮水水位，供炮台火炮作瞄准轰击之用；水师战船备用的火器及其附件，要按季制造，更换周期不得超过3个月，以免转潮；每年都要为各炮台更换或添置号灯与号旗，供瞭望、巡防之用；各炮台每年共要补充火绳500丈，火绳应以榕树根浸泡火药液后制成；每年春天要在虎门海口贮积40吨山柴与茅草，以备火攻之用。上述种种措施的记载，充分体现了关天培“整饬海防必须处处周密”的思想。

5．兵技务求精益求精

关天培在书中提出，要加强虎门要塞的守备，达到振扬威武、慑服夷心的目的，除了添建炮台、增铸火炮、建造师船、齐备军器外，还必须要加强水师的作战训练。统兵官员要督率官兵严格操练。书中记述了关天培为了督促官兵的训练而制定的具体的赏罚章程：对技术熟练、成绩优良者，即行升赏；对技术生疏、成绩不佳者，即行降罚；官员督率不力者，即行革职。

总之《筹海初集》这本书全面反映了关天培在担任广东水师提督的五年中，在整饬广东海防、建筑炮台、铸造火炮、制造兵器军械、训练官兵诸方面取得的经验和成果，是关天培军事技术思想的结晶，是了解与研究关天培和道光年间中国军事技术思想不可多得的珍贵的第一手文献资料。

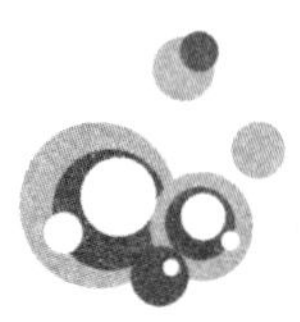

英雄流芳千古

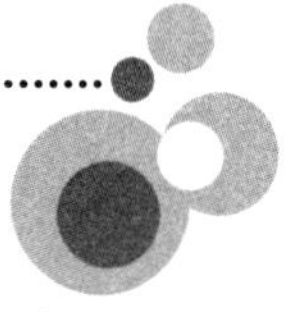

1841年2月末的一天，天阴沉沉的，淅淅沥沥的小雨不停地下着，天空仿佛在哭泣，在哀怨。广州城内出现了一支庞大的送葬队伍，人们抬着高大的棺柩在凄风苦雨中缓缓地走着。道路的两旁站满了送葬的群众，泪水和着雨水默默地淌着，不断地发出悲哀的抽泣声。数百名官员穿着缟衣在灵柩后走着，心情十分悲痛，有的人失声痛哭起来。前面有一幅巨大的挽联，上面写着：

六载固金汤，
问何人忽坏长城，
孤注空教躬尽瘁；
双忠同坎壈，
闻异类亦钦伟节，
归魂相送面如生。

关天培画像

这幅挽联是林则徐为悼念这位为守祖国南大门而英勇捐躯的民族英雄——关天培而写的。这位被人们称为南海“长城”的民族英雄倒下了，广州人民倾城而出，送这位曾经与他们共同抗敌作战的英雄魂归故里。

面对英国的野蛮侵略，在国家民族生死存亡的历史关头，关天培代表着正义的力量，坚决反对帝国主义的殖民入侵。正是因为有了像他一样的千千万万的中华英雄儿女，中国才没有同亚非其他国家一样成为西方帝国主义完全的殖民地。他同中国历史上无数的英雄一样是我们民族的脊梁。在为国尽忠的同时，关天培也是孝子。

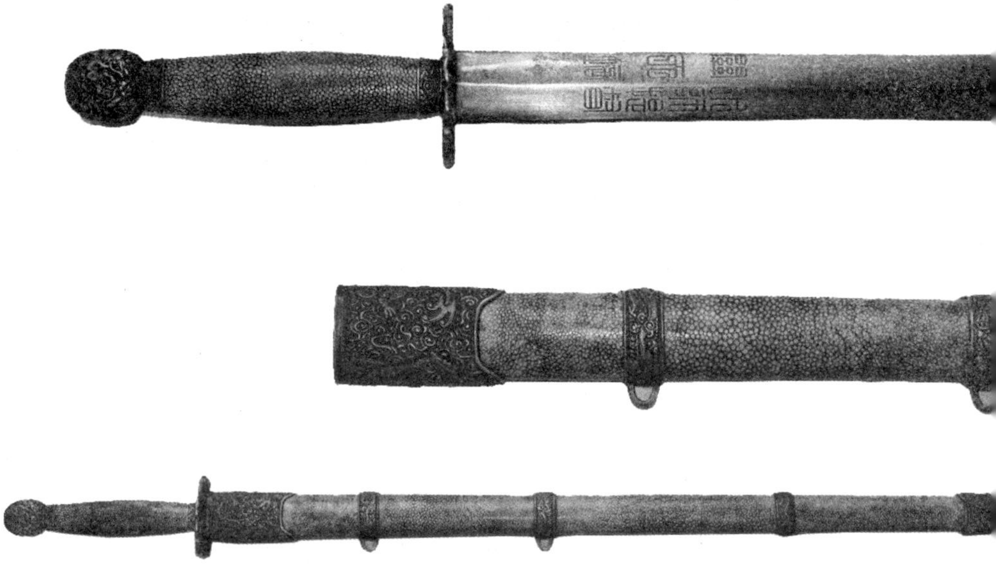

关天培宝剑

但在忠孝无法两全的情况下，他毫不犹豫地选择了为国尽忠。关天培的老母吴太夫人对关天培的一生有重要的影响，她经常以“忠义”二字教育其子。关天培幼承庭训，习文练武，事亲至孝，久为乡里传颂。道光初年，关天培受任苏淞镇总兵。不久，其父关自明病逝，他就将老母吴太夫人接到崇明衙署去居住，以便晨昏定省。道光十四年（1834年）秋，关天培升任广东水师提督，镇守中国的南大门。这时关老太太年近九旬，受不了长途跋涉之苦，又不愿拖累儿子，坚决回家乡淮安。在分别前她嘱咐关天培：“移忠作孝，不必分心以母老为念。”于是，关天培只好让夫人杨氏、长子奎龙、次子从龙侍奉老太太回淮安，自己“只身赴粤莅任”。

道光十八年（1838年）八月二十六日是关老太太九十诞辰。当时关天培已年近六旬，虽然“思亲念切”，但因公务繁忙，所以既不能告老还乡，侍奉慈亲，又不能奏请假日回淮安为老母祝寿。他把一片孝心全用在保卫祖国海疆的国事上，“公务五分巨细，事事尽心，以遵慈训，报慰母怀”。这一天正值仲秋，虎门衙署内菊花盛开。争奇斗艳，芳香扑鼻。关天培看到这些在秋风中精神抖擞的菊花，更加思念远在故乡的老母，特请友人广东名画家何狮(字丹山)绘制了一幅《延龄瑞菊图》，以为母亲祝寿。次年八月二十五日，即关老太太九十一岁诞辰的前一日，关天培携此《延龄瑞菊图》同邓廷桢前往林则徐寓所，面请林、邓二公赐题。于是林则徐、邓廷桢各题诗一首。林诗为：

一品斑衣捧寿卮，九旬慈母六旬儿。
功高靖海长城倚，心切循陔老圃知。
浥露英含堂北树，傲霜花艳岭南枝。
起居八座君恩问，旌节江东指日移。

给了关天培高度的评价。邓廷桢在诗中也夸赞关天培："南交正倚长城重，未许东篱带露移。"同林则徐一样表达了对关天培的信任、器重和倚赖，成为佳话。

沙角、大角战后，关天培做好了尽忠疆场、马革裹尸的准备。但想到自己今后不能再尽孝于老母、尽忠于皇上，就将自己脱落的几颗牙齿和几套旧官服放在一个匣子里，叫儿子带回老家，表示自己准备为国捐躯。如自己战死疆场不能返乡，则牙齿代表身体是父母所生，可以慰老母相思之苦；官服是皇帝所赐，可以由儿子在节日代表自己叩谢皇恩。在战斗中，当英军潮水般涌入炮台的危急时刻，关天培又急忙委派家丁将他的广东水师提督官防印信送走，了却了最后的心愿，决心以死报国。史载他"乃决为死计，驻炮台督战，创痕遍体，血漂衣襟"。

他身先士卒，在靖远炮台指挥水师拼死抵抗，并亲自燃放大炮轰击英舰。后在敌猛烈的炮火中壮烈殉国。他是鸦片战争中牺牲的第一位清军高级将领，清廷谥号“忠节”。人们称颂他精忠报国，钦佩他义无反顾的捐躯沙场。甚至当他的遗骸由家仆领走时，英舰“伯兰汉”号也鸣放礼炮，向这位爱国者、真正的军人表示他们的尊敬。英国人说“向一个勇敢的仇敌表示尊敬”!噩耗传来，当时被免职在广州的林则徐悲痛地写下“六载固金汤，问何人忽坏长城，孤注空教躬尽瘁；双忠同坎壈，闻异类亦钦伟节，归魂相送面如生”(“双忠”指关天培和同他一起牺牲的麦廷章)以纪念他的这位战友。出葬的那天，“士大夫数百人缟衣迎送，旁观者或痛哭失声”。

关天培牺牲后，他的遗体由其亲随孙长庆运送到故里淮安安葬。道光皇帝下谕：“该员统领士卒，为国捐躯，著即在遇害地方，建立专祠，以慰忠魂，而彰节义。”

道光二十一年（1841年）五月御制祭文，祭奠关天培。并且“优恤子骑都尉兼云骑尉，世袭职位，并给关天培忠节谥号，人祀昭宗祠（位于北京崇文门内，祀将帅之臣）”，且“赐葬如礼”。在他身后的一百多年中，人们用各种方式纪念这位英雄。当时在虎门和淮安各建有一个关天培祠。虎门的关天培祠，虽然已毁于抗日战

争，但在他呕心沥血建设和慷慨就义的虎门炮台，今天不但建有他的塑像，而且有专门的陈列展览展示他的历史功绩。淮安的关天培祠至今犹在。该祠是在清道光二十六年(1846年)由关天培之子遵其祖母吴太夫人遗嘱，用朝廷所发抚恤金和从家庭、亲友、有关部门筹借的资金在县东街37号建造的，名“关忠节公祠”。

关忠节公祠是由前殿、后殿和东西厢房及下屋组成的一个四合大院，院正中设有御碑亭，关忠节公祠大门南向，大门对面原为照壁，照壁南有一空地是为祭拜忠节公的官员临时停放轿、马的地方。原门厅为三间，两面有狮子盘球石笋，门上有狮子头门环。门厅内正中有一栅栏，两面为忠节公的执事牌，祭拜的官民从木栅栏两边进入祠堂。门厅内南檐上方面对大殿并排有三块匾额，中间为“谥忠节”，左首为“敕封振威将军”，右首为道光十九年(1839年)十月的赐号“法福灵阿巴图鲁”(满语，英雄的意思)。庭院内西有厢房六间，东有厢房三间，厨房两间。在门厅东侧有一偏门，平时由此出入。在祠堂庭院的北边是三间大殿，正中为一高六尺的神台，神台上有金丝楠木制作的碧纱橱，内安放着关天培官服塑像，神采奕奕，威风凛凛，栩栩如生。两旁是两个侍从塑像，一侍从手持宝剑，一侍从手托兵书。塑像上方梁上有道光二十一年御书匾额一块，上书“为国捐躯”四字。房前两侧悬挂着林则徐的那副著名的挽联。其中原来的“何人”改为“何时”，这是因为关氏后裔在建“关忠节公祠”、制作此联悬于祠堂中时，为了避免麻烦，甚至惹起祸端，就请当时淮安的大书法家周木斋在重新书写此联时，策略地将“何人”改成“何时”。现悬于关祠的林则徐的挽联即是修改后的了。塑像上方二梁上悬有一匾，上书“威震华夷”四字。新中国成立前，祠堂大部分建筑已被破坏。1954年在周恩来总理的关心下，由当地政府拨款重修，并将倾倒的东厢房移建到享殿原址上。

关天培墓位于淮安市东门外城东乡南窑九村，距城约

1.5公里。墓基为水泥、块石结构的建筑，白色墓碑上题有“关忠节公天培之墓”八个字。墓旁流水潺潺，松柏参天。当年所造的墓为直径30多米的盘状大墓。新中国成立后，当地政府曾拨专款进行维修。关天培墓和祠在1957年被江苏省人民政府公布为江苏省文物保护单位。

关天培虽然牺牲了，但他的爱国主义精神将永世长存。人民不会忘记，为了怀念这位血战虎门的爱国将领，在他的故乡江苏淮安城修建了“关忠节公祠”，永远激励后来人。

关天培用他的生命，书写了中国人民反抗外侮的历史。人民永远不会忘记他。

道光帝闻听关天培战死，下旨说：“英军攻击虎门炮台及乌涌卡座，广东水师关天培被害，殊甚悯恻，著加

关忠节公祠

恩赐恤。”4月，又下旨说：“昨因虎门失守，提督阵亡，降旨令兵部议恤。兹据该部议奏，关天培除照例赏与银两，准予世职外，著该督抚查明伊子孙几人，均于服阕后送部带领引见，候朕施恩。该员统领士卒，为国捐躯，著即在遇害地方建立专祠，以慰忠魂而彰节义。”并给予关天培“忠节”谥号。

壮烈的虎门保卫战后，部分阵亡官兵的遗体，由亲属认领掩埋。剩下没有亲属认领的士兵遗体，由当地父老就地安葬。两年后，又按照当地风俗习惯，将遗骨起出，用陶罐装好，合葬于沙角山南麓的白草岗上，取名“节兵义坟”，并立碑纪念。那些随关天培战死沙场的英雄们，虽然无名，但他们的事迹却流芳千古。

“一死无地招忠魂”。关天培殉国后，人们在他的家乡修建起了“关忠节公祠”。新中国成立后，人民政府又对“关忠节公祠”进行了修缮，供人们瞻仰。现在广州博物馆还收藏着关天培的部分遗物。睹物思情，凭吊英雄。他那种反抗外侮的高尚民族气节，永远激励着后代子孙去为祖国的强盛、民族的富强而奋斗。

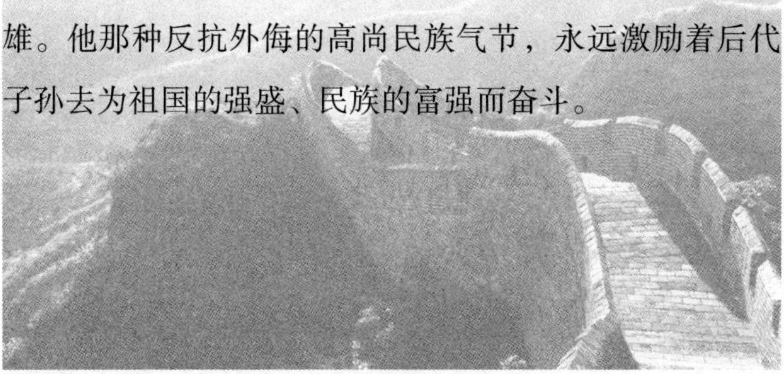

中华爱国人物故事
ZHONGHUA AIGUO RENWU GUSHI